인생을 바꿔 주는

존스 할아버지의
낡은 여행 가방

앤디 앤드루스 지음 | 강주헌 옮김

뜨인돌

평온해 보여도 각자의 고민을 지고 살아가는 사람들…
누군가는 긴 한숨을 내쉬고,
누군가는 홀로 울음을 터뜨립니다.

다른 삶은 가능하지 않은 걸까요?

한 걸음 물러나면 보이는 새로운 세상

너른 바다, 따스한 햇살이 내리쬐는

소박한 바닷가 마을 오렌지비치

이곳에서 존스를 만나 보세요.

젊은이, 환한 곳으로 올라오게

그의 이름은 존스였다. 나는 그를 그렇게 불렀다. 존스 씨가 아니었다. 그냥 존스였다. 그는 나를 '젊은이', 혹은 '자네'라고 불렀다.

존스는 꽤 늙어 보였지만 나이를 가늠하기 어려웠다. 65세? 80세? 어떤 때는 180년쯤 산 것처럼도 보였다. 그는 언제나 낡은 갈색 여행 가방을 들고 다녔다.

나? 그를 처음 만났을 때 나는 스물세 살이었다. 그는 내게 손을 내밀었고, 나는 무슨 영문인지도 모른 채 그 손을 잡았다. 그때를 돌이켜 보면 그의 손을 잡은 것은 작은 기적이었다. 다른 때였다면, 또 그가 아니라 다른 사람이었다면 나는 두려움에 사로잡혀 주춤거렸거나 주먹을 날렸을 것이다.

그때 나는 울고 있었다. 그가 내 울음소리를 들었던 것일까? 나는 외로움에 지쳐 숨죽여 흐느끼던 것도 아니었고, 언짢은 기분에 훌쩍이던 것도 아니었다. 물론 외롭고 몸과 마음이 불편했던 건 사실이었지만, 그때 나의 울음은 주변에 아무도 없다는 걸 확인한 후에야 토해 낼 수 있는 번민에 찬 오열이었다. 나는 주변에 아무도 없을 거라고 믿었다. 사실은 그렇지 않았지만 그때는 정말 그렇게 믿었다. 방파제 아래에서 또 하룻밤을 보내야 하는 것만큼이나 아무도 없는 것이 확실하다고 생각했다.

나는 그를 만나기 몇 해 전, 어머니가 암으로 세상을 떠나는 비극적 사건을 겪었다. 그리고 곧바로 안전벨트를 맸더라면 충분히 살았을 자동차 사고로 아버지마저 잃었다.

세상으로부터 '버림받은' 기분이었다. 그런 혼란스런 상황에서 나는 잘못된 결정을 연이어 내렸고, 결국 2년 후에는 멕시코만까지 흘러온 신세가 되었다. 집도 없고 자동차도 없었다. 그럴듯한 일자리도 없었다. 주로 방파제에서 물고기 배를 갈라 창자를 씻어 내고 낚시꾼들에게 미끼를 파는 등의 온갖 허드렛일을 했고, 해변에서 대충 샤워를 하거나 근처 호텔의 수영장에서 수영을 하면서 몸을 씻었다.

날씨가 추워지면서 해변 곳곳에 있는 많은 별장들이 비어 갔다. 그중에는 차고 문을 열어 두고 가는 집이 하나쯤 꼭 있었다. 별장을 가진 부자들은 차고에도 간이 냉장고를 두곤 했는데 나는 그곳에서 오래되긴 했지만 먹는 데는 전혀 문제되지 않는 통조림과 음료수를 꺼내어 식사를 즐기고, 냉장고 바닥 가까이에 바싹 누워 송풍기가 밀어내는 따뜻한 바람을 맞으며 추위를 녹였다.

하지만 대부분의 밤은 걸프 주립공원 방파제 아래의 '내 집'에서 보냈다. 큼직한 구멍을 파고 콘크리트와 모래가 만나는 곳을 매끈하게 다듬은 공간이었다. 해괴한 달개집이 따로 없었다. 꽤나 널찍한 데다가 밖에서는 안이 전혀 보이지 않았지만 해변의 여느 곳과 마찬가지로 눅눅했다. 가진 거라곤 낚시 도구와 티셔츠와 반바지뿐이었으니 당연한 말이지만 며칠씩 집을 비워도 뭔가를 훔쳐 가는 사람은 없었다. 그래서 솔직히 내가 거기에 사는 걸 아는 사람이 있을 줄은 꿈에도 생각하지 못했다. 그러니 오열을 토하던 그날 내가 고개를 들고 존스를 보았을 때 놀라지 않을 수 없었다.

존스는 손을 내밀며 내게 말했다.

"올라오게, 젊은이. 환한 데로 가세."

나는 얼떨결에 존스의 오른손을 움켜잡고 어둠에서 빠져나와, 가로등이 부드러운 빛을 던지는 방파제 위로 향했다.

존스는 그다지 큰 키가 아니었다. 하지만 작은 키도 아니었다. 하얗게 센 머리칼은 무척 길었지만 깔끔하게 뒤로 빗어 넘겨 매끈하게 다듬은 흔적이 엿보였다. 수정처럼 맑은 푸른 눈동자는 희미한 빛에서도 반짝거렸고, 눈가에는 깊은 주름이 패여 있었다. 피부는 카페오레처럼 거무튀튀했는데, 유전적인 이유 때문인지 아니면 거의 평생을 밖에서 지낸 탓인지 알 수 없지만 흑인인지 백인인지 모를 얼굴을 하고 있었다. 사실 나는 존스의 모습을 정확히 묘사하는 게 그렇게 중요하다고 생각하지도 않는다. 아무튼 그는 햇볕에 검게 그을린 노인이었고, 청바지에 하얀 티셔츠를 입고 낡은 가죽 샌들을 신었지만 감히 거역할 수 없는 묘한 위압감이 느껴졌다. 기껏해야 키가 175센티미터 남짓 정도로 보이는 노인에게 위압감을 느꼈다는 말이 우스꽝스럽게 들리겠지만 사실이었다.

존스가 물었다.

"뭣 때문에 그렇게 우는 건가? 특별히 생각나는 사람이라도 있나?"

'예, 바로 나 때문에 우는 겁니다!'

나는 이렇게 대답하고 싶었지만 발악하듯 소리쳤다.

"그래, 당신! 당신은 나한테서 뭘 빼앗아 갈 겁니까?"

이상한 질문이었다. 하지만 당시 내가 모든 인간, 모든 사물에 지녔던 불신의 벽을 고스란히 보여 주는 질문이었다.

노인이 눈썹을 꿈틀거리며, 내가 조금 전까지 웅크리고 있던 어둠 속에 눈길을 던졌다. 그리고 싱긋 웃으면서 물었다.

"자네한테서 뭘 빼앗을 거냐고? 글쎄, 쓸 만한 가구나 텔레비전이라도 있나? 내 눈엔 아무것도 안 보이던데."

나는 대답하지 않았다. 차라리 고개를 푹 숙이고 있는 편이 나을 것 같았다. 하지만 그의 어쭙잖은 유머에 부아가 치밀었다. 그는 남을 조금도 배려하지 않는 노인 같았다.

하지만 노인은 내 팔을 장난스레 툭 치며 덧붙였다.

"기분을 풀게, 젊은이. 뭣보다 자네가 나보다 적어도 30센티미터는 커 보이는데 내가 자네한테 뭘 빼앗을 수 있겠나. 그리고 쓸데없는 물건은 아예 갖지 않는 게 좋은 걸세."

나는 노인을 멍하니 쳐다보았다. 노인은 말을 이어 갔다.

"걱정하지 말게. 나도 자네한테서 아무것도 빼앗지 않겠지만, 누구도 자네한테서 뭔가를 훔칠 생각은 안 할 테니까. 자네한테 그럴 만한 것도 없잖나!"

내가 조금도 웃지 않는다는 걸 눈치챘는지 그가 입을 닫았다. 나는 웃기는커녕 화가 부글부글 끓어올랐다. 노인이 이번에는 달래듯 말했다.

"앤디, 내가 자네한테서 아무것도 빼앗지 않겠다고 약속하면, 자네가 저기에 숨겨 둔 콜라 하나만 줄 수 있겠나?"

이렇게 말하며 노인은 내 뒤쪽을 가리켰다. 나는 그를 뚫어지게 쳐다보았다.

노인이 재차 물었다.

"줄 건가, 안 줄 건가?"

내가 물었다.

"내 이름은 어떻게 아셨죠?"

"내 이름은 존스야."

"알겠어요. 근데 내 이름은 어떻게 아셨냐고요? 또 내가 저 밑에 콜라를 감춰 둔 건 어떻게 아셨습니까?"

노인이 어깨를 으쓱해 보이며 대답했다.

"어려운 일도 아니지. 자네를 오랫동안 지켜보고 있었으니까. 나도 이 부근에 살거든. 자네가 야밤에 부잣집 차고에 슬쩍 들어가 콜라를 갖고 나온 것도 알고 있지. 그러니까 그거 나한테 하나만 주게."

나는 노인을 잠시 뚫어져라 쳐다보았다. 그리고 천천히 고개를 끄덕였고, 어둠에 싸인 '내 집'에서 콜라 두 캔을 가져와 그에게 하나를 내밀었다.

"설마, 마구 흔들어 놓지는 않았겠지?"

노인이 웃으며 물었다. 하지만 내가 조금도 웃지 않는 걸 보고는 한숨을 내쉬며 말했다.

"세상에, 자네는 정말 농담이라곤 모르는군."

존스는 콜라 캔 뚜껑을 따 내고는 모래밭으로 내려가 책상다리를 하고 앉았다. 그리고 콜라를 쭉 들이켰다.

"시원하군. 이제 시작해 볼까?"

내가 퉁명스레 물었다.

"시작하다니, 뭘요?"

존스는 콜라를 모래밭에 내려놓으며 말했다.

"주변의 것들을 눈여겨보는 것부터 시작해야 할 거네. 자네 마음도 점검하면서 작은 가능성이라도 찾아봐야겠지."

"무슨 말을 하시는 건지 도무지 모르겠습니다. 나는 어르신이 누군지도 모릅니다."

노인이 빙그레 웃으며 말했다.

"당연하지. 그렇담 어떻게 설명해야 할까?"

그리고 노인은 자연스레 내게 몸을 기댔다.

"내가 누구냐면, 내 이름은 존……."

"그건 아까 들어서 알고 있어요. 내 말은……."

"그래. 자네가 뭘 묻는지 알고 있네. 그러니까, 내가 어디에서 왔으며 어떤 사람인지 알고 싶은 것 아닌가."

나는 고개를 끄덕였다.

"있지, 나는 오늘 저녁엔 저쪽 해변에서 왔네."

나는 한숨을 내쉬며 그를 쏘아보았다. 노인은 낄낄대며 항복이라도 하듯 두 손을 들어 보이며 말했다.

"진정하게, 진정해. 이런 늙은이에게 화를 내지는 말게."

그리고 존스는 한결 부드러운 목소리로 물었다.

"그렇게 해 주겠나?"

내가 고개를 끄덕이자 존스는 천천히 얘기를 시작했다.

"나는 관찰자라고 할 수 있네. 하늘이 선물한 특별한 재능이 있지. 사람들이 노래를 잘하거나 빨리 뛸 수 있듯이 나는 다른 사람들이 못 보고 넘어가는 걸 볼 수 있다네. 자네도 알겠지만 사람은 내부분 눈앞에 있는 것만 보지 않나."

노인은 두 손을 뒤로 뻗어 모래밭에 지지하고는, 상체를 젖혀 검은 하늘을 쳐다보며 계속 말했다.

"나는 어떤 사람, 어떤 상황에서나 가능성을 찾아낸다네. 대부분의 사람들은 주변을 넓게 보는 눈이 부족해. 나는 사람들이 그런 눈을 갖게 해 주지. 그들이 기운을 되찾고 제대로 숨을 쉬면서 삶을 다시 시작할 수 있도록 말이야."

잠시 우리는 말없이 앉아 멕시코만의 따뜻한 물을 바라보았다. 노인과 함께 있자 이상하게도 마음이 차분해졌다. 어느새 노인은 모래밭에 팔꿈치를 대고 비스듬히 누웠다. 잠시 후, 그는 다시 입을 열었다.

"그래, 자네 부모님은 모두 돌아가셨더구먼?"

내가 되물었다.

"어떻게 아셨습니까?"

노인이 어깨를 살짝 으쓱해 보였다. '모두가 아는 일'이 아니냐고 말하는 듯했지만, 나는 그게 그런 뜻이 아니라는 정도는 알았다.

생전 처음 보는 노인이 나에 대해 너무 많은 걸 알고 있는 것 같아 놀랐지만, 섬뜩한 느낌을 애써 떨쳐 버리고 노인의 질문에 정직하게 대답했다.

"예, 두 분 다 죽었습니다."

노인이 입술을 오므렸다.

"그랬군. 그것도 관점의 문제네."

내가 어리둥절한 표정을 짓자, 노인이 다시 말했다.

"'죽은 것'과 '돌아간 것'은 엄청 다르다네."

나는 코웃음을 치며 말했다.

"나한테는 다를 게 하나도 없습니다."

"그거야 자네는 돌아간 사람이 아니니까."

나는 씁쓸하게 말했다.

"맞습니다. 나만 혼자 남겨졌어요."

금방이라도 눈물이 쏟아질 것 같았다. 나는 풀 죽은 목소리로 불쑥 물었다.

"그래, 그럼 어르신은 어떻게 생각하시는데요?"

존스가 조심스레 물었다.

"자네가 지금 왜 여기에 있다고 생각하나? 그러니까 이런 상황, 이런 곳에 말이야."

"그거야 내가 여기에 있기로 선택했으니까요. 물론 잘못된 결정이었죠. 내 마음가짐도 그랬고."

나는 노인을 매섭게 쏘아보며 덧붙였다.

"됐나요? 나도 뭐가 옳은 건지는 압니다. 그러니까 이래라저

래라 훈계 들을 것도 없고, 전부 내 잘못이에요. 됐나요? 어르신이 나한테 말하고 싶은 게 그건가요?"

존스는 차분한 목소리로 대답했다.

"아니, 난 그저 자네가 자신만의 '관점'이 있는지 궁금했을 뿐이네."

"없어요, 그런 거! 나는 자라면서 하느님이 자신의 뜻에 따라 우리를 우리에게 가장 좋은 곳에 데려다 놓는다는 격언을 귀가 따갑도록 들었습니다. 그래서 하느님이 나를 이 방파제에 데려다 놓았나 보네요!"

나는 이렇게 악을 쓴 다음 덧붙여 말했다.

"게다가 '죽은 것'과 '돌아간 것'의 차이는 나도 교회에 다닐 만큼 다녀서 당신이 무슨 말을 하려는지 압니다. 하지만 더는 그런 말에 속아 넘어가지 않아요."

존스는 나를 달래는 듯한 목소리로 말했다.

"지금은 그렇겠지. 자네가 그렇게 말하는 이유를 알겠네. 왜 그렇게 생각하는지도 이해하고. 하지만 들어 보게. 난 자네를 속일 마음이 전혀 없어. 내가 여기에 있는 건……."

"그래요. 그놈의 관점 때문이겠죠. 압니다."

존스는 입을 닫고 한동안 아무 말도 하지 않았다. 내가 너무

무례하게 그의 말문을 닫아 버린 게 아닌가 생각했다. 존스는 눈가로 흘러내린 흰 머리카락을 쓸어 올리며 물었다.

"젊은이, 자네 말대로 지금은 잘못된 선택 때문에 이 방파제에 있지. 하지만 이렇게 생각해 보게. 앞으로 상상할 수도 없는 일들이 일어나려고 자네가 지금 이 자리에 있는 거라면 어떻게 하겠나?"

"무슨 말인지 모르겠습니다. 내 미래가 달라질 거라고는 생각지도 않습니다."

"천만에. 자네도 달라질 수 있네. 내 말을 믿게. 언젠가 자네도 달라질 거야."

노인은 갑자기 빙그레 웃으며 말했다.

"그런데 말이야. 방금 자네가 한 말의 뜻을 제대로 아는 사람은 별로 없는 것 같아. 왜 모두가 '하느님이 자신의 뜻에 따라 우리를 우리에게 가장 좋은 곳에 데려다 놓는다'는 말을 하느님이 우리를 산 정상이나 근사한 집에 데려다 놓는다는 뜻으로 이해하는 걸까?"

존스는 계속 말을 이어 갔다.

"생각해 보게. 모두가 정상에 오르기를 바라지. 하지만 산 정상은 바위투성이고 춥지 않나? 또 그 위에서는 더 이상 오를 곳도 없고. 물론 전망이야 좋겠지. 한데 전망이 왜 있나? 다음 목적지, 그러니까 다음 목표를 보여 주기 위해서가 아닌가? 하지만 그 목적지에 가려면 산을 내려와 계곡을 지나 무성한 풀밭과 발이 푹푹 빠지는 흙길을 힘겹게 걸으면서 다시 비탈을 올라가야 하네. 그렇게 우리는 다음 목표를 이루는 데 필요한 지혜를 배우고 터득해 가는 거지."

그리고 노인은 두 손으로 모래를 푹 뜨더니 손가락 사이로 흘려보내며 덧붙였다.

"자네는 이 모래가 아무짝에도 쓸모없는 것처럼 보이지? 하지만 오늘 밤에는 어디에 눕더라도 모래밭이 아니라 비옥한 땅에 누워 잠을 잔다고 생각하게. 그건 틀림없는 사실이니까. 생각하고 배우게. 기도하면서 계획을 세우게. 그리고 꿈을 가져. 그럼 자네도 금세 변할 테니까."

그날 밤 존스는 떠나기 전에, 내가 호기심 어린 눈길로 쳐다보던 낡은 여행 가방 안에서 세 권의 책을 꺼냈다. 오렌지색 표지로 장정된 조그만 책들이었다.

"책은 읽나?"

나는 고개를 끄덕였다.

"글을 읽을 줄 아느냐고 묻는 게 아니네. 책을 읽느냐고 묻는 거야."

"예. 대부분 잡지 나부랭이이긴 하지만 읽기는 합니다."

"잘됐군. 그럼 이 책들을 읽어 보게."

존스는 내게 책들을 건네주었다. 나는 희미한 불빛을 빌려 책들을 살펴보았다. 제목에 모두 사람 이름이 들어가 있었다. '윈스턴 처칠' '윌 로저스' '조지 워싱턴 카버'. 나는 존스에게 눈길을 돌리며 물었다.

"역사책입니까?"

그가 눈을 반짝이며 대답했다.

"아니, 모험담이네! 성공과 실패, 사랑과 음모, 비극과 승리, 모든 게 담겨 있지. 무엇보다 여기 쓰여 있는 한마디 한마디가 모두 사실이네! 젊은이, 꼭 기억하게. 자기 경험만이 최고의 스승은 아니네. 오히려 다른 사람의 경험이 가장 훌륭한 스승이 되기도 하지. 위대한 사람의 이야기를 읽다 보면 그들이 어떻게 위대해졌는지 그 비밀을 알아낼 수 있을 거야."

그날 밤 나는 밤을 하얗게 새우며 윈스턴 처칠을 읽었다. 처칠이 나보다 더 큰 시련을 겪고 배척 받는 삶을 살았다는 사실과 말년에 이르러서야 커다란 성공을 누렸다는 사실에서 위안을 얻었다.

책을 막 읽기 시작했을 즈음 존스는 자리를 떴지만 나는 그걸 의식조차 못했다. 이튿날 아침이 되자 나는 존스를 좀 더 다정하게 대하지 못했던 게 후회됐다. 내 자신이 부끄럽고 창피했다. 그래도 전날 저녁처럼 희망이라곤 없는 인생의 낙오자는 아니었다. 땅거미가 질 무렵 나는 조지 워싱턴 카버까지 다 읽었고, 너무 피곤해서 다음 날 아침까지 잠을 잤다.

그날, 나는 부두에서 배를 닦으면서 책에서 읽었던 내용을 틈틈이 떠올렸다. 종종 주변을 둘러보며 존스를 찾았지만 그는 보이지 않았다. 계선장 관리인 유진 씨도 존스를 잘 알고 있었다. 존스가 오래전부터 이 동네에 살았다며 "내가 어렸을 때도 존스는 노인이었지. 그런데 지금 내 나이가 쉰둘이네"라고 말했다.

나는 다시 24시간 동안 꼬박 윌 로저스를 읽었다. 그리고 며칠 후에야 존스를 다시 만날 수 있었다. 그때 나는 미끼로 팔새우와 작은 물고기를 잡으려고 석호에서 투망질을 하고 있었다. 존스가 어느새 내 뒤에 다가와 물었다.

"도움이 좀 됐나?"

"아, 존스! 언제 왔어요? 아무 소리도 못 들었는데! 어디에 계셨던 거예요? 책은 다 읽었습니다."

내가 활달하게 반기자 그의 표정이 밝아졌다. 사실, 나도 그를 이렇게나 반갑게 맞이하는 내 자신이 놀라울 지경이었다. 그가 웃으며 말했다.

"진정하게, 진정해. 나도 말 좀 하세. 내가 오는 소리조차 못들었다고 했지? 그건 그만큼 자네가 열심히 투망질을 했기 때문이네. 아마 내가 코끼리를 타고 왔어도 듣지 못했을 테지. 그동안 내가 어딨었냐고? 계속 이 부근에 있었네. 자네를 두 번씩이나 먼발치에서 보기도 했지. 하지만 자네를 성가시게 하고 싶지 않았네. 여하튼 그 책들을 다 읽었다니 다행이군. 그래, 재밌었나?"

나는 숨을 헐떡이며 대답했다.

"그럼요, 정말 재밌게 읽었습니다."

"잘됐군. 나도 자네가 지금쯤이면 다 읽었을 거라고 짐작하긴 했네. 자네가 언짢아하지 않으면 좋겠는데…… 내가 방파제에 들러 그 책들을 가져왔네. 다른 책 세 권을 놓아두고."

나는 깜짝 놀랐다.

"그러셨어요? 고맙습니다."

"천만에. 나도 도시권에서 빌려 온 거네. 자네를 위해 특별히 고른 거긴 하지."

존스는 플라스틱 통을 들어 보이며 물었다.

"배고프지 않나? 내가 점심을 가져왔는데."

"배야 항상 고프지요. 요즘엔 하루에 한 끼만 근근이 먹습니다. 옛날에 어머니는 그런 상황일수록 먹을 수 있을 때 잔뜩 먹어 두어야 한다고 말씀하셨죠."

"자, 나오게. 진수성찬을 준비했으니까."

'진수성찬'은 비엔나 소시지와 정어리가 전부였다. 배가 고파서 군말 없이 먹었지만 가슴이 설레고 입에 군침이 돌 정도로 맛있는 음식은 아니었다.

우리는 높은 모래 언덕 위에 서 있는 떡갈나무 아래에 앉아 있었다. 우리 앞으로는 해변이 펼쳐져 있었고, 뒤로는 검푸른 빛의 호수가 있었다. 나는 낡은 테니스화를 신고, 셔츠 없이 파란 청 반바지만을 입고 있었다. 존스의 옷차림은 지난번과 같았지만 커다란 푸른 손수건을 머리에 둘둘 감고 있었기 때문인지 두 눈이 유난히 반짝이는 것처럼 보였다. 우리가 앉은 곳에서는 파도가 부서지는 소리가 들렸고, 산들바람이 불어 따가운 여름 햇살을 그런대로 견딜 수 있었다. 존스가 미소 띤 얼굴로 나를 뚫어지게 쳐다보며 물었다.

"그래, 지금 뭘 먹고 있나?"

나는 고개를 들고 어리둥절한 표정을 지어 보였다. 손등으로 입술을 닦아 내고, 먹던 음식을 꿀꺽 삼킨 후 대답했다.

"뭐라니요? 설마 몰라서 묻는 건 아니죠? 우린 지금 같은 걸 먹고 있다고요."

존스가 장난 가득한 표정으로 다시 물었다.

"정말인가? 아닌 것 같은데. 어디 한번 볼까……."

그는 허리를 굽혀 내 앞에 놓인 음식을 살펴보았다. 그러고는 나를 똑바로 쳐다보며 다시 물었다.

"지금 뭘 먹고 있나? 또 어디에서 먹고 있는 건가?"

존스는 내가 여전히 어리둥절한 표정을 짓는 걸 보고는 나지막이 덧붙였다.

"장난하는 게 아니야. 내 질문에 대답하게."

나는 눈살을 찌푸렸다.

"글쎄요……."

나는 '대체 뭘 알고 싶으신 건지 짐작도 안 돼요!'라는 어색한 몸짓을 하며 대답할 거리를 찾았다.

"제 짐작엔……."

"심삭하시 말고, 보이는 내로 밀하게."

"알겠습니다. 정어리하고 비엔나 소시지를 먹고 있습니다."

"어디에서?"

"모래 언덕 위에서요."

존스가 빙그레 미소를 지었다.

"나도 전에는 그렇게 생각했지."

그는 고개를 끄덕이면서 다시 말했다.

"그래, 나도 전엔 그랬어. 자네는 앞으로 책에서 도움을 많이 받을 수 있을 거네. 물론 나도 조금은 도움이 되겠지만."

나는 고개를 저으며 말했다.

"존스, 대체 무슨 말씀을 하시는 건지 모르겠습니다."

"자네의 시야 말일세. 믿기지 않겠지만 자네 시야에 지금은 구름이 잔뜩 끼어 있네. 하지만 이제부터 자네 머리부터 마음까지, 또 자네의 미래까지 이어진 길을 깨끗하게 청소할 수 있을 거야. 틀림없어."

노인의 아리송한 대답에 궁금증은 더 커졌다.

"아직 무슨 말씀인지 모르겠습니다."

그는 내 어깨에 손을 살짝 얹고 말했다.

"당연하지. 지금 자네가 내 말을 어떻게 이해하겠나."

존스는 내게 몸을 바싹 기대며 나지막이 말했다.

"멀리까지 내다보는 눈이 없으니까."

존스는 내 표정을 보고는 껄껄대고 웃었다.

"자네는 지금 발밑의 모래와 그 위에 놓인 음식을 보면서도 머릿속으로 다른 곳에서 다른 음식을 먹기를 바라겠지. 자네를 책망하려고 이런 말을 하는 건 아닐세. 지극히 당연한 거야. 대부분의 사람이 자네와 다를 바가 없어. 자신의 위치, 지금 먹는 것, 타고 다니는 자동차를 못마땅하게 생각하지. 하지만 우리만큼 혜택과 기회를 누리지 못하고, 먹을 음식조차 없으며, 자동차는 꿈에도 생각 못 하는 사람이 세상에 얼마나 많은지 알고 있나? 지금 자네가 처한 상황이 힘들다고 생각하겠지? 그건 맞아. 하지만 조금만 유심히 둘러보면 엄청난 혜택과 기회가 감추어져 있네."

존스는 잠시 말을 멈추고, 눈을 지그시 감고 생각에 잠겼다.

"젊은이, 우주의 법칙이란 게 있네. 거기에는 많은 법칙이 있지만, 지금 당상 자네의 삶에 적용할 수 있는 것을 하나 알려 주지. '우리가 집중하는 것은 증가하기 마련이다.' 이걸 꼭 기억하게나."

나는 얼굴을 찡그리고, 그 말에 담긴 뜻을 파악해 보려고 했다. 존스가 말했다.

"자네에게 '필요'한 것에 집중하면 그에 대한 욕구가 증가하는 걸 분명히 느낄 수 있을 거네. 반대로 자네가 '갖지 못한 것'에 생각을 집중하면, 지금 없는 것뿐만 아니라 지금까지 잊고 있었던 다른 갖지 못한 것들까지 떠올라 더 참담한 기분이 될 거네. 그렇게 패배감에 젖으면 어떤 일을 해도 실패하기 십상이야. 하지만 지금 가진 것에 집중하고 '감사'하면 행복이 자네 삶에 저절로 찾아올 거네."

나는 그 말이 믿기지 않았다. 내 표정에도 그렇게 쓰였던지 존스는 나를 똑바로 쳐다보며 말했다.

"이렇게 생각해 보게. 우리가 뭐든 즐겁게 열심히 하면 우리 주변 사람들도 즐겁겠지, 그렇지?"

"그럴 것 같기는 하네요."

존스가 나무라듯 말했다.

"그럴 것 같은 게 아니야. 다시 묻겠네. 우리가 뭐든 즐겁게 하면 주변 사람들도 즐거워. 그런가, 안 그런가?"

"그렇습니다."

"만약 기회가 다른 사람을 통해 주어지는 것이라면, 누구라도 함께 있고 싶어 하는 사람에게 어떤 이점이 있겠나?"

나는 그때서야 존스의 말을 조금이나마 이해할 수 있었다.

"더 많은 기회가 생기지 않았을까요?"

"그렇지! 그럼, 많은 기회를 얻고 격려를 받는 사람의 삶은 어떻게 되겠나?"

내가 대답할 틈도 주지 않고 존스가 말을 이어 갔다.

"더 많은 기회를 얻고, 더 많은 격려를 받을 테고, 그럼 성공은 따 놓은 당상이겠지."

내가 희망에 찬 표정을 지었는지, 존스는 손가락 하나를 세우며 덧붙였다.

"하지만 조심해야 할 게 있네. 이 원칙은 정반대로도 적용된다는 거야. 부정적인 생각에 사로잡혀 불평불만을 일삼는 사람과 가깝게 지내고 싶은 사람은 없지. 그런 사람은 격려 받지도 못하고, 기회도 줄어들겠지. 누구도 그의 주변에 있고 싶어 하지 않으니까. 그런 사람의 삶은 어떻게 변하겠나?"

"점점 나빠지겠지요."

존스는 잠시 말을 멈추어 내가 깨달은 진실의 의미를 되새길 시간을 주었다. 잠시 후, 그는 조금 더 구체적인 계획 하나를 제시했다.

"그럼, 어떻게 해야 남들이 함께 있고 싶어 하는 사람이 될 수 있지? 이건 어떤가? 매일 자신에게 이런 질문을 던지는 거야. '다른 사람이 나라면 내 어떤 점을 변화시키고 싶어할까?'라고 말이야."

나는 잠시 생각에 잠겼다.

"존스, 만약 그 부분이 내가 변하고 싶어 하지 않는 부분이면 어떡하죠?"

그는 웃음을 참으며 대답했다.

"자네의 생각을 물어본 게 아니야. 분명히 듣게. '다른 사람이 자네라면 자네의 어떤 점을 변화시키고 싶어 하겠나?'라고 스스로에게 질문하라는 거네."

내가 여전히 모르겠다는 표정을 짓자, 존스가 다시 말했다.

"다른 사람의 기분에 맞춰 살아야 한다는 뜻이 절대 아니네. 자네가 영향력 있는 사람이 되고 싶다면, 그러니까 자네가 믿는 걸 다른 사람도 믿고, 자네가 사는 걸 다른 사람도 사게 만들고 싶다면 적어도 그들이 자네와 함께 있을 때 편안해야 하지 않겠나. 성공한 삶은 관점과 아주 밀접한 관계가 있어. 자네가 자네 자신을 어떻게 생각하느냐도 중요하지만, 관점을 달리해 다른 사람이 자네를 어떻게 생각하느냐를 생각하는 것도 그에 못지않게 중요하지."

우리는 말없이 앉아, 갈매기들이 머리 위로 나는 걸 지켜보고 파도가 해변에서 부서지는 소리를 들었다. 존스가 빈 깡통을 주섬주섬 주워 플라스틱 통에 넣기 시작했다. 그가 먼저 일어나서 내게 손을 내밀고는 나를 벌떡 일으켜 주었다. 그리고 빙긋 웃으며 말했다.

"자네는 정어리와 비엔나 소시지를 먹었지만, 나는 바다가 훤히 보이는 곳에서 랍스터와 비프 스테이크를 먹었네."

그는 내 등을 툭 치고 덧붙였다.

"모든 것이 관점에 달려 있네."

그날 저녁 늦게 나는 방파제 아래의 '내 집'으로 돌아갔다. 낚시 도구 상자 위에 세 권의 책이 단정히 놓여 있었다. 이번에도 모두 전기였다. '잔 다르크' '에이브러햄 링컨' '빅터 프랑클'. 나는 먼저 프랑클의 전기를 집어 들었다. 내게는 생소한 이름이었기 때문이었다. 책 제목은 《죽음의 수용소에서》였다. 대충 훑어본 후에야 프랑클이 제2차 세계대전 동안 나치 수용소에서 살아남은 오스트리아 정신과 의사였고, 그의 아버지와 어머니, 아내 모두가 수용소에서 죽었다는 걸 알았다.

'모든 것이 관점에 달려 있네.' 존스의 목소리가 여전히 내 귓가에 맴돌았다.

그때 책 사이에 예쁘게 접힌 쪽지 하나가 눈에 띄었다. 나는 재빨리 쪽지를 꺼냈다. 냅킨이었다. 존스가 남긴 글이 있었다.

젊은이,

이 책을 먼저 읽게. 자네가 자랑스럽군.

— 존스

나는 눈물을 글썽이며, 조심스레 그 쪽지를 다시 책 속에 끼워 놓았다. 정말 오랜만에 다른 이에게 자랑스럽다는 말을 들은 날이었다.

지금도 확실히 기억하지만, 내가 다음에 받은 세 권의 책은 '해리 트루먼' '플로렌스 나이팅게일' '다윗 왕'이었다. 그 후에는 '해리엇 터브먼' '엘리자베스 1세' '존 애덤스'였다. 열세 번째, 열네 번째, 열다섯 번째 책은 '엘리너 루스벨트' '마크 트웨인' '조슈아 체임벌린'이었다. 체임벌린의 책에는 존스가 보낸 작은 쪽지가 끼워져 있었다. 그 세 권을 내가 직접 도서관에 반납해 주면 고맙겠다는 간단한 내용이었다. 나는 존스가 시키는 대로 도서관에 갔고, 내친 김에 '조지 워싱턴' '안네 프랑크' '크리스토퍼 콜럼버스' 책을 내 이름으로 빌렸다.

그리고 얼마 지나지 않아, 존스가 요새는 통 나타나지 않는다는 것을 눈치챘다. 나는 몇 주 동안 존스의 행방을 수소문하고 다녔는데 어딜 가나 그가 '주변에 있다'는 사실만을 알 수 있을 뿐이었다. 존스는 해변에 있는 식당 '시 앤 서즈'의 주인 낸시에게 내가 어떤 생선을 가져와도 무조건 튀겨 주라고 특별히 부탁해 두었다. 나를 위한 특별가에는 옥수수 빵과 아이스 티까지 포함되어 있었다. 게다가 내가 크래커를 아무리 많이 먹어도 음식 값은 언제나 1달러였다.

또 낚싯배 선장들도 앞 다투어 내게 배를 닦아 달라고 했고, 낚시꾼들은 잡은 물고기를 손질해 달라고 부탁하기도 했다. 그때마다 존스라는 이름이 언급됐다.

어느 날은 홀리데이 인 호텔에서 공연하는 가수 겸 작곡가 브렌트 번스가 어떤 노인에게 내가 무척 재밌는 사람이라고 들었다며, 공연 중 휴식 시간에 만담을 해 보지 않겠느냐고 제안했다. 나는 해 보겠다고 대답했다. 썩 잘한 것 같지 않았는데도 브렌트는 내 만담에 기분 좋게 웃었고 칭찬을 아끼지 않았다. 때로는 밥까지 사 주며 나를 격려하고 용기를 북돋아 주었다.

그 후 수년을 이렇게 보냈는지는 정확히 기억나지 않는다. 하지만 방파제 아래에서 벗어난 뒤에도 책을 꾸준히 읽었다는 것만은 분명하다. '조지 패튼 장군' '퀴리 부인' '해리엇 비처 스토' '알렉산더 대왕' '부커 워싱턴' '대니얼 분' 그리고 구약성서에 등장하는 '여호수아'와 '갈렙' 등 거의 200권 이상의 전기를 읽으며 그들의 여정을 따라갔다. 그리고 그 여행은 내 삶에 결정적인 깨달음을 가져왔다.

책 속에서 만난 성공한 인물들의 삶에는 시대를 초월한 공통적인 원칙들이 있었다. 그때부터 생각이 꼬리에 꼬리를 물고 이어졌다. 만약 그 원칙들을 내 것으로 만들면 내 삶이 어떻게 변할까? 사과가 뉴턴의 머리에 떨어지기 훨씬 전부터 중력 법칙은 있었어……. 하지만 사과가 떨어지고, 뉴턴이 그 뒤에 감춰진 원칙을 깨달은 뒤에야 인간은 중력의 원리를 활용해 비행기를 띄우고 현수교를 놓을 수 있었지!

생각을 거듭한 끝에 나는 재산 관리, 리더십, 인간관계 등에서 성공할 수 있는 원칙이 중력 법칙과 다르지 않다고 확신할 수 있었다. 내가 그 숨겨진 원칙을 아느냐 모르느냐가 문제일 뿐이다. 내가 그 원칙을 알아냈다면 적용하지 않을 이유가 없었다. 나는 그 원칙들을 내 삶에 적용하기 시작했다.

지금의 나, 내 가족의 행복, 또 그때부터 내가 이룬 모든 성공은 그 원칙들 덕분이었다. 수년 전, 나는 《폰더 씨의 위대한 하루》를 통해 그 원칙들을 세상에 알렸다. 이 책은 뉴욕 타임스가 선정한 베스트셀러가 됐다. 내가 어떻게 200권 이상의 책을 읽고 재기하게 됐는지 궁금했던 사람은 이제 그 궁금증이 풀렸을 것이다. 그건 모두 최악의 시기를 겪고 있던 처절한 젊은이에게 관심을 보여 준 존스라는 노인 덕분이었다. 존스 덕분에 읽기 시작한 책에서 나는 내 인생을 바꿔 줄 원칙들을 찾아낼 수 있었다.

그 후로 25년 동안 나는 하루도 존스를 잊은 적이 없었다. 결혼하던 날에는 내 아버지가 살아 있었더라면 차지했을 첫 줄의 자리를 그가 채워 주기를 바랐다. 내 아이들이 태어날 때마다 나는 이른 아침에 혼자 병원을 나가 어슴푸레한 새벽길을 걸으며, 존스가 미소 띤 얼굴로 어딘가에서 불쑥 나타나 아버지로서 내 미래에 대해 적절한 충고와 위안의 말을 해 주기를 바랐다. 존스와 단 한 시간만이라도 함께 있기를 바란 때가 한두 번이 아니었다. 나는 그 후로 존스를 다시 만나지 못했다.

적어도 지난주까지는…….

목
차

당신과 나는 사랑의 언어가 다르다

존스가 환히 웃으며 말했다.
"자네들은 늘 서로를 사랑했었네.
이제 알겠나? 자네들에게 관점이
부족했던 거야."

사실, 나는 거의 20년 동안 머리가 하얗게 센 노인을 볼 때마다 존스가 아닐까 하는 희망을 품었지만 번번이 실망을 맛보았다. 그리고 더이상의 기대는 하지 않아야 한다며 나 자신을 다독거리려 애썼다. 하기야 존스는 그때도 노인이었으니……. 나는 존스가 더 이상 이 세상 사람이 아니라고, 이 세상 사람일 수 없다고 마음을 다잡았다.

지난 목요일, 정오가 조금 지났을 때 즈음 나는 '시 앤 서즈'에 앉아 있었다. 내가 옛날에 1달러만 들고도 배불리 먹을 수 있던 그 식당이었다. 주인은 여전히 낸시이고, 내가 지금도 점심을 즐겨 먹는 곳이다. 다만 내가 온전한 값을 지불하는 것만이 달라졌을 뿐이다. 나는 그 굴 전문 식당에서 새우 샌드위치를 우걱우걱 먹으면서, 굴 껍데기를 벗겨 내던 윌리를 놀려 대고 있었다. 그때 낸시가 들어왔다.

내가 먼저 인사를 건넸다.

"안녕하세요, 낸시."

낸시가 환하게 웃으며 대답했다.

"응, 너도 잘 지냈지? 윌리가 또 못살게 구니?"

내가 웃으면서 대답했다.

"예, 윌리가 틈만 나면 나를 괴롭히네요."

윌리가 굴 껍데기를 접시에 올려놓으며 항의하듯 말했다.

"말도 안 돼! 그만 좀 놀리세요. 저기 테이블에서 저를 기다리는 착한 사람들이 얼마나 많은데요."

우리는 깔깔대고 웃었다. 봄방학이 본격적으로 시작된 때였다. 멕시코만이 훤히 보이는 '시 앤 서즈'는 손님들로 만원이었다. 식당 밖에서 기다리는 손님들도 있었다.

낸시가 말했다.

"친구를 다시 만나 좋겠구나. 아이스 티 좀 더 줄까?"

나는 플라스틱 컵을 낸시에게 내밀며 말했다.

"고맙습니다. 그런데 무슨 친구요? 아는 얼굴이라도 보셨어요?"

"존스 말이야."

낸시는 이렇게 말하며, 고갯짓으로 내 뒤쪽을 가리켰다. 내가 이름을 듣고 깜짝 놀라자 낸시가 미안한 표정을 하며 덧붙였다.

"좀 전에 존스가 잰과 배리를 데리고 왔어."

나는 눈물을 글썽이며 식당 안을 재빨리 둘러보았다.

"미안해. 존스가 왔다는 걸 진즉 말해 줬어야 했는데. 네가 문을 등지고 있어서 존스도 너를 보지 못한 모양이구나. 난 둘이 만난 줄 알았지."

남서쪽으로 구석진 테이블. 그곳에 존스가 있었다. 나를 등지고 앉아 있었지만, 하얗게 센 머리칼, 옆에 놓인 낡은 갈색 여행 가방까지 존스가 틀림없었다. 나는 당장 그에게 달려가고 싶었지만 꾹 참았다.

낸시가 존스를 바라보며 중얼거렸다.

"존스가 처음 여기에 온 게 까마득한 옛날인데. 어쩜 저렇게 하나도 변한 데가 없는지……."

그랬다. 존스는 예전 모습과 똑같았다. 머리카락이 약간 짧아진 것 빼고는 크게 달라진 게 없었다. 여전히 청바지를 입은 편한 옷차림이었다. 가죽 샌들조차 똑같았다.

나는 테이블 사이를 조심스레 걸어갔다. 말을 걸기 전에 옆에서 그를 잠시 지켜보고 싶었다. 존스가 여기 있다는 게 도무지 믿어지지 않았으니까. 그런데 잰과 배리 부부가 나를 먼저 알아보았다. 배리가 자리에서 일어나, 내 이름을 부르며 인사말을 건넸다. 내가 그들의 테이블 쪽으로 향하고 있어, 무언가 할 말이 있을 거라고 생각한 듯했다. 다른 때였다면 나는 그들과 재밌게 이야기를 나눴겠지만 그때만큼은 그들은 내 관심 밖이었다. 존스라니……. 충격으로 온몸이 떨리고 있었다.

나는 그들에게 가까이 다가갔다. 주변이 시끄러웠지만 나는 나지막이 입을 열었다.

"존스?"

나를 돌아본 그는 빙그레 미소를 지었다. 나는 그가 일어설 틈도 주지 않고 거의 무릎을 꿇고 앉아 그를 껴안았다.

"존스라니 믿기지 않습니다. 그동안 어디에 계셨어요? 돌아가신 줄만 알았습니다. 저는…… 그동안 결혼해서 벌써 아이가 둘입니다."

존스도 나를 감싸 안으며 말했다.

"알고 있네, 알고 있어. 진정하게. 시간은 많으니까 두고두고 얘기하세."

그제야 정신을 차린 나는 주위를 둘러보았다. 사람들이 수군거리며 우리를 쳐다보았고, 옆에 있던 잰과 배리 부부는 불편한 표정이었다.

잰이 물었다.

"두 분이 아는 사이인가요?"

당시 상황에 비추어 보면, 이건 내가 평생에 들어 본 가장 어리석은 질문이었다. 그러나 그때 나는 잰에게 자초지종을 말할 입장이 아니었다. 다른 때였다면 "아니요, 나는 모든 노인에게 이렇게 합니다"라고 말했을지도 모르지만, 그때만은 장난기를 버리고 솔직하게 대답했다.

"그럼요, 존스는 제가 세상에서 가장 신뢰하는 분입니다. 저한테는……."

존스가 내 말을 가로막고 말했다.

"앤디가 아주 젊었을 때 처음 만났지."

존스는 내게 눈길을 돌리고 싱긋 웃으며 덧붙였다.

"옛날보다 살이 많이 붙었군."

"그럼요. 지금은 세 끼를 꼬박꼬박 먹으니까요."

존스가 예전처럼 눈을 반짝이며 물었다.

"좋은 것으로 먹나?"

"랍스터와 스테이크를 먹지요. 그것도 바다가 훤히 보이는 곳에서요."

"장하네!"

존스는 손을 내밀어 내 팔을 꼭 쥐며 말했다.

"우리는 나중에 만나도 되겠지?"

그때서야 나는 잰과 배리가 무척 거북한 표정으로 나를 쏘아보고 있다는 걸 눈치챘다.

"예, 알겠습니다. 밖에서 기다릴까요, 아니면……?"

뭐든 존스가 원하는 대로 할 작정이었다.

"사실 말이야, 내가 여기 새 친구들과 얘기할 게 좀 있거든. 두 시간 후에 우리가 처음 만났던 곳에서 만나세. 하지만 이번에는 방파제 위야, 알겠나?"

그는 내게 눈을 찡긋하며 덧붙였다.

"이 친절한 부부에게 나를 태워다 달라고 부탁할 생각이네. 뭐, 걸어서라도 나를 거기까지 바래다 주겠지."

내 옛집이 있는 걸프 주립공원은 해변에서 1.5킬로미터 남짓 떨어진 곳에 있었는데 '시 앤 서즈'에서도 훤히 보였다.

"알겠습니다. 그럼 두 시간 후에 뵙겠습니다."

나는 부부에게도 작별 인사를 건넸다. 그들은, 특히 배리는 금방이라도 폭발할 것 같은 화난 표정이었다. 그런데 존스는 그들을 '새 친구'라고 말하지 않았던가? 그건 무슨 뜻이었을까?

45분 전, 배리 핸슨은 망연자실해서 변호사 사무실에서 터벅터벅 걸어 나왔다. 잰이 21년간의 결혼 생활을 끝내겠다며 이혼 소송을 걸었기 때문이다. 잰은 배리를 여전히 사랑하지만, 더 이상은 일방적인 관계를 이어 가고 싶지 않다고 했다. 말하자면, 잰은 배리에게 사랑받는 기분을 전혀 느낄 수 없다는 것이었다.

배리는 주에서 가장 큰 은행의 지점장이었다. 넉넉한 월급을 받고 알뜰하게 저축한 덕에 부자까지는 아니어도 빚 없이 편안하게 살고 있었다. 또 여러 시민단체에서 적극적으로 활동했고, 교회에서도 위원회 활동을 두 군데에서나 하고 있었다. 게다가 열네 살 엘리자베스와 열 살 재러드, 두 남매에게 훌륭한 아버지라는 칭찬도 자자했다.

잰은 재러드를 낳은 후 교사 일을 그만두고, 배리와 두 아이에게 온 정성을 쏟았다. 그러면서도 짬짬이 오렌지비치 마을 봉사 활동에 참여했다. 또 정식 지역 합창단인 '코스트럴 코럴'의 단원이기도 했다. 날씬한 데다 짧고 세련된 검은 머리칼을 지닌 그녀는 동네에서 가장 평판이 좋은 사람 중 하나였다.

잰과 배리는 올해 마흔다섯 살로 동갑이었다. 그들은 같은 대학교를 다녔지만, 졸업하고 2년이나 지나 친구의 결혼식장에서 처음 만났다. 두 사람은 곧 사랑에 빠졌고 한시도 떨어질 수 없다는 생각에 그해 바로 결혼했다.

배리는 뭐가 잘못됐는지 짐작도 할 수 없었다. 그는 잰을 여전히 사랑했다. 물론 예전에도 사랑했지만, 잰이 자신의 진심을 몰라 주는 것 같아 간혹 짜증을 내기는 했다. "사랑해" "당신은 정말 아름다워"라고 말해도 아내가 의심의 눈초리를 던질 때가 얼마나 많았던지. 배리는 그런 잰 때문에 속으로 끙끙 앓았지만 아내를 향한 사랑에는 변함이 없었다. 그런데 이혼이라니? 청천벽력이었다. 도무지 그 말이 믿기지 않았다.

✳ ✳ ✳

정오쯤이었다. 잰은 집안 청소를 하다가 벽시계를 쳐다보았다. 배리와 밖에서 점심을 같이하기로 했다. 어쩌면 마지막 점심 식사가 될지도 몰랐다. 잰은 고개를 설레설레 저으며 '아니야, 그렇진 않을 거야'라고 생각했다. 그들에겐 아이들이 있었다. 이틀 전에 남편에게 이혼하고 싶다고 말하긴 했지만, 그 후로 잠을 제대로 자지 못했다.

지갑과 열쇠를 챙겨 들고 현관으로 나와 문을 잠갔다. 계단을 내려오던 잰은 문득 걸음을 멈추었다. 호랑가시나무가 인도를 거의 덮을 듯이 웃자라 있었다. 잰은 고개를 저으며 눈물을 닦아낸 뒤 이를 악물고는 자동차로 뚜벅뚜벅 걸어갔다. 지난 1년 동안 남편에게 호랑가시나무의 가지를 정리해 달라고 귀가 따갑도록 얘기했지만 남편은 꿈쩍도 하지 않았다. 배리는 나무에 손도 대지 않았다. 그토록 부탁했건만 뒷문의 방충문도 고치지 않았고, 차고 페인트칠도 하지 않았다.

잰은 도로 쪽으로 자동차를 후진시켰다. 기어를 드라이브에 놓고 가속 페달을 밟았다. 하지만 곧 브레이크를 힘껏 밟아야 했다. 눈앞에 노인이 서 있었기 때문이다. 노인을 친 것도 아니었고, 칠 뻔한 것도 아니었지만 잰은 혼비백산해서 온몸이 부들부들 떨렸다.

존스였다. 때때로 시내 안팎을 배회하고 다니는 모습을 본 적 있었고, 며칠 전부터는 시어슨 씨의 집에 드나드는 듯했다. 잰은 전날 오후에도 그 노인이 동네를 돌아다니는 걸 보았다. 잰은 그와 직접 얘기를 나눠 본 적이 없었다. 하지만 그와 얘기를 나눠 본 사람들을 알고 있었는데 그들은 모두 그를 사랑하는 것 같았다.

노인이 운전석으로 다가와 말했다.

"미안해요. 일부러 그런 건 아닌데. 후진을 하길래 뒤를 봐주려고 하다가……"

잰은 한숨을 돌리며 말했다.

"아닙니다, 죄송해요. 제가 조심했어야 했는데…… 딴생각을 하고 있었거든요. 근데 무슨 하실 말씀이라도?"

노인이 웃으며 말했다.

"혹시 해변 쪽으로 가는 길이오?"

잰이 머뭇거리며 고개를 끄덕였다.

"강요하는 건 아니지만 나를 해변까지만 태워 줄 수 있겠어요? 점심 약속이 있는데 늦을 것 같아서."

잰이 선뜻 결정을 내리지 못하자 노인은 고개를 살짝 기울이고 처량한 표정을 지어 보이며 말했다.

"부탁해요."

평소라면 낯선 사람을 결코 태우지 않았을 테지만 노인은 조금도 위험한 사람으로 보이지 않았다.

"예, 그럼 뭐…… 모셔다 드릴게요."

자신이 낯선 사람을 자동차에 태운 걸 보면 배리가 뭐라고 말할지 궁금했지만, 잰은 이제 배리의 반응 따위를 신경 쓸 필요가 없다고 생각했다.

"타세요. 여행 가방은 트렁크에 넣으실래요?"

존스가 재빨리 조수석에 올라타며 대답했다.

"그럴 필요까지야. 작은 가방인데 무릎에 올려놓으면 되지. 식당까지는 금방이거든. 점심 약속이 '시 앤 서즈'에서 있어요. 근처 아무 데서나 내려 줄래요?"

잰은 미소를 지어 보이려 했지만 거의 우거지상이었다.

"저도 그 식당에 가는 길이에요."

"잘됐군, 잘됐어! 덕분에 편하게 가겠구먼. 나는 거기서 친구를 만나기로 했거든."

잰은 그의 말이 들어오지는 않았지만 뭔가 대꾸를 해야 한다는 생각에 불쑥 물었다.

"어르신이 존스 씨죠?"

"씨는 빼고 그냥 존스라고 불러요. 아가씨는 잰 핸슨이고, 맞지요?"

잰은 눈살을 찌푸리며 고개를 끄덕였다.

"예, 맞아요. 그런데 우리가 언제 만났던가요?"

"아니, 만난 적은 없지요. 하지만 배리 핸슨의 아내란 것은 잘 알고 있어요. 배리가 내 친구니까."

잰은 별다른 대답 없이 자동차를 주차했지만 무척이나 놀랐다. '아니, 어떻게? 어떻게 이 노인이 배리의 친구지? 배리가 이 사람 얘기하는 걸 들어 본 적도 없는데. 그럼 나와 점심 약속을 해놓고 이 노인을 초대한 거야? 그것도 하필이면 오늘!'

배리는 구석진 테이블에 앉아 기다리고 있었다. 잰과 존스는 식당으로 들어갔다. 그들이 마치 동행한 것처럼 똑같은 테이블을 향해 가고 있는 건 분명했다. 한편 배리는 그들이 함께 다가오는 걸 보고 머릿속이 복잡해졌다. '뭐야? 잰이 나를 놀라게 하려고 하는 건가? 나하고 점심을 먹기로 해놓고 딴 사람은 왜 초대한 거야? 보아하니 동네를 돌아다니는 존스라는 노인 같은데…… 믿을 수가 없군.'

배리는 자리에서 일어나 두 사람을 맞이했다. 이혼 위기가 닥친 부부와, 상대가 초대한 거라고 서로 착각한 노인 사이에 어색한 인사가 오갔다.

그들은 게 다리와 굴 샌드위치, 아이스 티를 주문했다. 존스는 즐겁고 편해 보였다. 잰과 배리는 서로 상대가 노인의 존재에 대해 설명해 주기를 기다리며 팽팽한 신경전을 벌였다. 그때 그들 부부와 존스까지 알고 있던 내가 불청객처럼 끼어들었던 것이다.

내가 떠난 후, 배리는 옆에 앉은 잰을 쳐다보며 말했다. 존스는 테이블을 사이에 두고 맞은편에 앉아 있었다.

"어떻게 된 거요?"

잰이 쏘아붙였다.

"당신 친구라면서요. 난 그렇게 들었어요."

"누가 내 친구란 말요?"

잰이 존스를 가리키며 말했다.

"이 사람이요!"

배리가 어리둥절한 표정으로 말했다.

"뭐라고? 나는 얘기 한 번 해 본 적 없는 사람인데."

존스가 끼어들었다.

"정확히 말하면 그렇지. 하지만 전에 슈퍼마켓에서 내게 손을 흔들어 보이지 않았나? 교회에서 인사를 하기도 했고. 서너 번쯤 그랬던 걸로 기억하는데."

부부는 어리둥절한 표정으로 노인을 물끄러미 쳐다보았다. 왜 노인이 그들을 속였는지 이해할 수 없다는 표정이었다.

존스가 계속 말했다.

"여하튼 난 자네 부부를 친구라고 생각하네. 물론 자네들에게는 오래 알고 지낸 친구들도 있겠지. 자네들이 나보다 좋아하는 사람들도 많을 거고. 하지만 오늘은……."

존스는 고개를 느릿하게 끄덕이며 덧붙였다.

"나만큼 좋은 친구는 없을 거네."

이 백발 노인의 야릇한 말에 핸슨 부부는 최면에라도 걸린 듯 말없이 앉아 있었다. 노인은 게 다리 하나를 뜯어 먹고는 말을 이었다.

"사람들은 자신을 있는 모습 그대로 받아 주는 사람을 진정한 친구라고 생각하지. 하지만 그건 무척 위험한 생각이야."

그런 생각을 버리라는 듯 노인은 손을 휘휘 저었다.

"동네 패스트푸드점에서 일하는 종업원은 자네들을 있는 그대로 봐주겠지. 아무 관심도 없으니까 말이야. 하지만 진정한 친구라면 자네들에게 더 높은 잣대를 들이댈 거야. 최고의 능력을 발휘할 수 있도록 말이야."

존스는 고개를 들고, 부부에게 비밀이라도 털어놓을 듯이 몸을 바싹 기울이며 나지막이 말했다.

"또, 진짜 친구라면 내게 필요한 진실을 기꺼이 얘기해 주지 않겠나? 게다가 그 친구가 현명하기까지 하다면 관점이 얼마나 중요한지도 말해 줄 거네."

배리가 조심스레 물었다.

"저희에게 뭘 바라시는 겁니까?"

존스가 대답했다.

"몇 가지만 대답하면 되네. 그럼 내 말이 맞는지 아닌지 알 수 있을 테니까."

잰과 배리는 눈빛을 교환했다. 하지만 그들이 미처 입을 떼기도 전에 존스가 대꾸했다.

"지금 부부 문제로 고민하고 있지 않나?"

잰이 깜짝 놀라 입을 다물지 못했다. 배리도 놀라서 노인 쪽으로 몸을 바싹 구부리며 물었다.

"그걸 대체 어떻게 아셨습니까?"

"모두가 알고 있는 일인걸."

부부의 얼굴이 하얗게 질렸다. 배리가 숨을 헐떡이며 물었다.

"모두! 어떻게요?"

존스가 온화한 얼굴로 웃으며 말했다.

"그거야 자네들이 부부니까. 어떤 부부나 그런 문제를 겪는 법이지."

잰과 배리는 할 말을 잃었다. 틀린 말은 아니었지만 어처구니가 없었다. 어찌나 어이가 없었는지 잰은 노인에게 미소까지 지어 보이며 물었다.

"그러니까 어르신의 결론은……."

존스는 웃음을 가까스로 참는 듯했다.

"아직 결론을 내리려면 멀었네. 꼭 지금 결론을 내려야 한다면, 누구나 위기를 맞고 위기를 벗어나면 또 위기를 맞게 된다는 거네. 결혼 생활도 이런 삶의 모습 중 하나고. 그러니까 모든 일이 생각만큼 나쁜 건 아니라는 거야. 자네들이 이걸 꼭 알았으면 좋겠어. 물론 상황이 특별하기는 하지만 다른 사람들과 그렇게 다르지는 않아. 대부분이 그렇듯이, 자네들에게도 관점이 부족한 거네."

배리가 말했다.

"좀 전에도 비슷한 말씀을 하셨는데, 정확히 무슨 얘길 하고 싶으신 겁니까?"

존스는 부부를 잠시 뚫어지게 쳐다보았다. 그리고 배리의 질문에는 대답하지 않고 잰을 쳐다보며 물었다.

"아가씨의 아버지는 어머니에게 좋은 남편이었나?"

잰이 얼굴을 찌푸렸다.

"갑자기 그게 이 문제랑 무슨 상관이죠?"

존스가 두 손을 살짝 들며 말했다.

"속는 셈 치고 지금은 내 질문에만 대답해 보게. 아버지는 어머니에게 좋은 남편이었나?"

"예, 그랬던 것 같아요."

"아버지가 어머니를 사랑하셨나?"

"예."

"아버지가 어머니를 사랑한다는 걸 어머니에게 어떻게 보여 주셨지?"

잰이 얼굴을 찡그리며 선뜻 대답하지 못했다.

"글쎄요. 늘 뭔가 하셨어요."

"어떤 일?"

"그러니까…… 뭐, 가끔 설거지를 했고요. 고장 난 걸 수리하기도 하셨어요."

잰은 입을 꼭 다물고 배리를 쏘아보며 덧붙였다.

"또 현관 옆에 있던 나무들을 다듬기도 했어요. 그래서 우리 집은 항상 깔끔해 보였어요."

존스는 배리를 슬쩍 훔쳐보았다. 배리의 표정을 보고 잰이 남편의 결점을 꼬집어 얘기한 것을 알았지만 존스는 조금도 놀라지 않았다. 존스는 고갯짓으로 배리를 가리키며 물었다.

"옛날에 둘이서 데이트할 때 이 사람은 어땠는가? 구체적으로 말해 보게나. 배리가 당신을 사랑한다는 걸 어떻게 보여 주었지?"

존스가 봇물을 터뜨려 준 듯 잰은 말을 쏟아냈다.

"그때야 최고였죠. 제 아파트에 와서 얼마나 자주 요리를 해 줬다고요. 우리가 집에서 식사를 할 때는 언제나 배리가 설거지를 했어요. 고장 난 것도 수리했죠. 아버지랑 똑같았어요. 또 부모님이 여행을 떠났을 땐 부모님 집의 잔디를 깎아 준 적도 있었다고요! 그뿐이 아니에요. 온갖 집안일을 다 했어요."

갑자기 잰이 고개를 푹 숙였다. 입술이 파르르 떨렸다.

"하지만 그때는 나를 사랑했을 때였고……."

잰이 눈물을 뚝뚝 떨어뜨리기 시작했다.

"배리는 아마 이해 못 할 거예요."

배리는 눈을 꼭 감고 고개를 설레설레 저었다.

"이 사람 말이 맞습니다. 저는 전혀 모르겠어요. 인정합니다."

그리고 눈을 크게 뜨고 존스를 똑바로 쳐다보며 말했다.

"하지만 아내를 사랑합니다!"

배리는 얼굴을 잰에게 돌리며 덧붙였다. 간절한 눈빛이었다.

"당신을 사랑한다고……."

그러고는 존스에게 눈길을 돌리며 말했다.

"잰에게 하루에도 몇 번씩 사랑한다고 말했습니다. 예쁘다고, 세상에서 최고라고! 그 이상 더 어떻게 하나요? 생각할수록 미치겠습니다. 제가 오늘 서류에 서명하지는 않았지만 우린 결국 이혼할 수밖에 없겠죠."

잰은 얼굴을 손에 묻고 서럽게 흐느꼈다. 배리는 그제서야 자신이 의도치 않게 큰 소리로 말했다는 걸 깨닫고 어찌할 바를 몰랐다. 식당에 있던 많은 사람이 그들을 힐끔힐끔 훔쳐보았다. 존스는 테이블 너머로 팔을 뻗어 잰의 어깨를 다독거리며, 부부에게 나지막이 속삭였다.

"좀 걸을까?"

부부는 멍한 표정으로 정신없이 식당을 빠져나갔다. 음식 값을 낼 겨를도 없었다. 존스는 계산대에 앉은 낸시에게 재빨리 눈을 찡긋해 보이며 미소 지었다.

잠시 후, 그들은 해변에서 동쪽으로 천천히 걸었다. 잰은 눈물을 그쳤지만 팔짱을 끼고 고개를 푹 숙인 채 걸었다. 배리가 화난 얼굴로 존스에게 물었다.

"대체 여기서 뭘 하자는 겁니까? 전 지금 은행에 돌아가 봐야 합니다."

존스는 두 사람 사이에서 걸었다.

"잠깐이면 되네. 잠시만 함께 걷자고."

그리고 자기보다 훨씬 큰 배리를 팔꿈치로 툭 치며 덧붙였다.

"지금은 내가 가장 친한 친구니까."

배리가 고개를 설레설레 젓고 눈을 부라리며 말했다.

"다 쓸데없는 짓입니다."

존스는 배리의 화난 표정에도 아랑곳하지 않고 물었다.

"사랑받을 때, 자네가 사랑받는다는 걸 어떻게 알지?"

배리는 걸음을 멈추고 존스를 돌아보았다.

"뭐라고요?"

존스가 자상한 목소리로 되물었다.

"계속 걷게. 그리고 대답하게. 자네가 누군가에게 사랑받는다고 느낄 때, 그 사람이 사랑을 어떤 식으로 표현하던가?"

"말을 했지요."

"무슨 말?"

"사랑한다고요."

"좀 더 자세히 말해 보겠나?"

배리는 한숨을 내쉬었다.

"저를 사랑하는 사람은 제가 뭘 하든 잘한다고 말해 줍니다. 저보고 멋있다고 하고, 선한 사람이라고 칭찬도 해 줘요. 물론, 나를 사랑한다고도 하지요."

"자네 부인도 그렇게 말해 주나?"

"옛날에는 그랬습니다."

잰이 불쑥 끼어들었다.

"저이야 많은 사람한테 듣는 얘긴데 저한테까지 들을 필요가 없잖아요."

존스는 잰의 말을 무시하고 배리에게 계속 물었다.

"그럼, 요즘 들어 아내가 사랑한다고 말하지 않았는데도 자네를 지금도 사랑한다는 걸 어떻게 아나?"

배리는 잠시 골똘히 생각에 잠겼다.

"그럴 거라고 짐작하는 겁니다. 잰이 저를 사랑하니까 떠나지 않을 거라고……."

존스가 목소리에 힘을 주며 말했다.

"그런데 지금은 잰이 떠나려고 하는데."

배리가 걸음을 멈추고 뒷짐을 지며 물었다.

"진짜 뭐하자는 겁니까?"

잰도 걸음을 멈추었다. 그러자 존스가 그들을 차례로 쳐다보며 진지하게 말했다.

"하나만 더 묻지. 둘 다 괜찮겠나? 지난 21년의 결혼 생활을 돌이켜 보면 우여곡절도 많았을 거야. 좋은 기억도 있을 테고 나쁜 기억도 있겠지. 만약 마법 지팡이가 있어서 자네들이 다시 서로 믿고 사랑하며 행복하게 살 수 있게 만들 수 있다면, 그 지팡이를 휘둘러 보겠나?"

배리와 잰, 모두 선뜻 대답하지 못했다. 하지만 그럴 수만 있다면 다시 옛날로 되돌아가고 싶다고 대답했다.

존스가 긴 한숨을 토해 내고 빙그레 웃으며 말했다.

"다행이군! 그럼 간단히 해결될 수 있는 문제네. 이건 관점의 문제일 뿐이니까."

배리는 다시 얼굴을 찌푸리며 뭐라고 대꾸하려 했다. 하지만
존스는 그럴 틈을 주지 않았다.

"잠깐만 기다리게. 내가 먼저 말할 테니 잘 들어 보게. 자네
들의 눈엔 실패한 결혼만 보이겠지. 하지만 내가 보기엔 이건
그저 대화의 실패일 뿐이네."

그리고 존스는 잰과 배리를 차례로 가리키며 말했다.

"잰은 미국 출신이고, 배리는 스코틀랜드 출신이야. 남편 말
고 스코틀랜드 출신을 만나 본 적 있나?"

잰이 대답했다.

"그럼요. 사촌 언니가 스코틀랜드 남자와 결혼했어요."

존스가 태연하게 물었다.

"사촌 언니 남편이 영어를 할 줄 알던가?"

"당연히 하죠. 하지만 그게 문제가 아니었어요."

"무슨 뜻이지?"

"가끔 형부의 말을 아무도 이해하지 못할 때가 있었어요. 어
느 해인가 크리스마스 때 언니 부부가 미국에 왔는데 사투리
때문에 한바탕 소동이 일기도 했어요."

존스가 소리쳤다.

"바로 그거야! 이제 내 말을 이해하겠군. 미국 사람이나 스코틀랜드 사람이나 똑같이 영어로 말하지. 하지만 사투리가 심하면 말이 통하지 않을 때도 있다네. 자네들도 마찬가지고. 자네들은 똑같이 말하지, 서로 사랑한다고 말이야. 하지만 사랑을 표현하고 이해하는 방법이 서로 다르니 통하지 않을 수밖에."

존스가 잰을 돌아보며 자상한 목소리로 말했다.

"잰, 남편은 당신을 사랑해. 그건 확실하네. 다만 사랑을 칭찬하는 말로 표현할 뿐이지. 칭찬이 사랑을 이해하는 유일한 방법인 걸세. 배리가 칭찬을 받을 때 사랑받는다고 느끼는 것도 그 때문이고."

잰이 변명하듯 말했다.

"아까도 말했지만 배리를 칭찬하는 사람은 많아요."

"그렇겠지, 수백 명이 넘을지도 몰라. 하지만 배리에게 가장 중요한 사람은 바로 잰이야! 배리가 그 많은 사람들을 전부 다 사랑하진 않아요. 배리는 잰이 칭찬해 줘야 자신이 정말 사랑받는다고 느낄 수 있다네."

잰의 표정이 바뀌는 것을 보면서 존스는 말을 이었다.

"안타깝게도 우리가 사랑받는다고 느끼는 방식은 사랑을 표현하는 방식과 똑같네. 그러니 배리는 할 수 있는 만큼 한 셈이지. 기회가 닿을 때마다 사랑한다고 말했으니까. 하지만 잰은 그걸 이해하지 못했어. 남편이 사랑을 표현하는 방식을 알지 못했으니까. 잰, 당신의 사랑 표현법은 말이 아니라 배려와 행동이거든."

잰과 배리는 번갯불에라도 얻어맞은 듯 꼼짝할 수 없었다. 결혼 생활 21년 동안 들어 본 적 없는 충격적인 얘기였다. 그들이 바싹 관심을 기울이는 걸 보고 존스는 배리를 돌아보며 말했다.

"이보게, 잰도 자네에게 사랑하는 마음을 전하려고 최선을 다했네. 사랑한다는 말을 하지는 않았지만 행동을 통해 자네에게 마음을 필사적으로 전했네. 하지만 잰의 표현 방법을 자네가 이해하지 못했던 거지. 그래서 잰의 작은 배려와 행동들이 하찮게 보였을 거고. 그런 자네의 태도에 급기야 잰은 자네에게 사랑받지 못한다고 느꼈던 거네."

부부는 아무 말도 하지 못한 채 우두커니 서 있었다. 마침내 잰이 입을 열었다.

"배리, 어르신 말씀이 다 맞아요. 배리 당신을 전혀 이해하지 못했어요. 당신이 나를 사랑하지 않아서 아무것도 하지 않는 거라고 생각했어요."

배리도 잘못을 인정했다.

"나도 당신을 이해하지 못했어. 당신에게 그런 작은 행동들이 중요한 줄은 꿈에도 몰랐어."

존스가 배리에게 물었다.

"그럼 이제 아내의 사랑 표현법을 배울 수 있겠나? 설거지를 하고 식사를 함께 준비하며, 가끔은 현관 앞에 우거진 호랑가시나무를 다듬을 수 있겠나?"

배리가 바로 대답했다.

"그럼요. 당연히 그래야지요."

존스가 이번에는 잰을 돌아보며 물었다.

"잰은 어떻게 할 건가? 남편의 표현법을 배우겠나? 쑥스러워도 칭찬을 아끼지 않고 시시때때로 사랑한다고 말할 수 있겠나?"

"물론이에요. 이제부턴 그럴 거예요."

이렇게 말하며 잰은 배리를 쳐다보았다. 배리가 감동한 표정을 짓자 잰은 배리의 품에 안기며 말했다.

"미안해요. 정말 몰랐어요……."

배리가 대답했다.

"나도 미안해. 우리가 완전히 갈라졌다고 생각했는데…… 끝났다고 말이야."

존스가 환하게 웃으며 말했다.

"자네들은 늘 서로를 사랑했네. 이제 알겠나? 자네들은 그저 관점이 부족했던 거야."

배리가 잰을 꼭 끌어안은 채 존스를 바라보며 말했다.

"어르신 말씀이 맞습니다. 저는 아내를 사랑해요. 잰을 위해서는 죽을 수도 있습니다."

존스가 싱긋이 웃었다.

"그래야지. 하지만 잰은 자네가 자기를 위해 죽는 걸 바라지 않을 거네. 그저 호랑가시나무를 다듬어 주길 바랄 뿐이지."

부부는 존스와 더 오랫동안 얘기를 나누고 싶어 했지만 존스는 이야기를 끝냈다. 그들이 식사 값을 포함해 적절히 사례하려 했지만 존스는 정중히 거절하고, 부부와 헤어져 동쪽으로 계속 걸어갔다. 부부는 존스가 멀어지는 걸 지켜보면서, 자신들이 저 노인에 대해 아무것도 모른다는 걸 문득 깨달았다. 그가 어디에서 왔고, 어디에 가야 그를 만날 수 있는지도 몰랐다. 존스가 아득히 멀어진 후에야 배리가 혼잣말처럼 중얼거렸다.

"저런, 저 여행 가방……."

잰이 물었다.

"저 가방이 뭐요?"

"저 가방이라도 들어 주겠다고 할걸."

＊ ＊ ＊

존스는 따뜻한 햇살을 등에 업고, 내가 기다리고 있던 오렌지비치 걸프 주립공원 방파제 위로 천천히 올라왔다. 나는 피크닉 테이블에 앉아 벤치에 두 발을 얹고 음료수를 홀짝이며 어부들을 바라보고 있었다.

우리는 다시 반갑게 인사를 나누었고, 그가 떠난 후 내가 어떻게 살았는지 얘기했다. 내 얘기만 하고 싶었던 것은 아니지만 존스는 자기 얘기를 하는 걸 무척 꺼렸다. 어디서 지냈냐고 물으면 "여기저기"라고 대답했고, 무슨 일을 했느냐고 물으면 "많은 일을 했지"라고 답하며 화제를 돌렸다. 안달이 나긴 했지만 나는 답을 집요하게 캐물을 정도로 어리석지는 않았다.

존스는 우리 집으로 가자는 내 초대를 정중히 거절하면서도 내가 집을 마련한 것을 진심으로 축하해 주었다. 존스는 방파제 아래를 가리키며, 짐짓 엄숙한 목소리로 물었다.

"처음 집보다는 낫겠지?"

이후 존스는 내게 잰과 배리 부부 이야기를 들려 주었다. 하지만 남의 비밀을 누설하는 건 아니라며, "그들이 무엇을 배웠는지 조만간 주위 사람들에게 말하고 다닐 거네"라고 덧붙였다. 나는 부부가 보여 준 두 방식 말고 다른 표현 방식도 있냐고 물었다.

"물론. 우리는 크게 네 가지 방식으로 사랑을 표현하고, 사랑받는다고 느끼지. 그 방식들이 서로 겹쳐 나타나면 복잡하게 보이지만 기본적으로는 네 가지 방식이야."

"그렇군요. 칭찬, 배려와 행동은 알겠어요. 그럼 나머지 둘은 뭔가요?"

"세 번째 방식은 접촉이야. 단순히 등을 두드려 주는 행동부터 성관계까지 포함하지. 예컨대 머리를 긁어 주거나 등을 문질러 주는 행동, 포옹이나 입맞춤도 이 표현 방식에 속하는 걸세. 이렇게 신체 접촉으로 사랑을 표현하는 사람에게 가장 확실하게 사랑받는다는 느낌을 안겨 주려면, 같은 방식으로 애정 표현을 하면 되지."

내가 물었다.

"그런 사람은 사랑 표현을 꼭 그런 식으로 하나요?"

"당연하지. 이건 좋다 나쁘다 판단할 문제가 아니네. 사랑에는 신체 접촉이 따라야만 한다고 생각하는 사람들이니까. 따라서 이 부류의 사람과 관계를 잘 맺고 싶다면 그들이 고양이와 비슷하다고 생각하면 좋아."

나는 눈살을 찌푸렸다.

"고양이요?"

존스는 체셔 고양이처럼 히죽 웃으면서 대답했다.

"그래, 고양이만큼 접촉을 좋아하는 동물은 없으니까. 심지어 고양이에게는 먹이를 줄 필요도 없네. 고양이는 배가 고프면 스스로 먹이를 잡아먹잖나. 고양이는 자네가 무슨 말을 하고, 무슨 짓을 해도 별로 신경 쓰지 않는다네. 또 암만 불러도 오지 않아. 소용없는 짓이지. 고양이는 그저 자신이 원할 때 쓰다듬고 긁어 주기를 바랄 뿐이야. 고양이는 그때 사랑받는다고 느끼는 걸세. 그럼, 고양이는 사랑을 어떻게 표현하겠나? 당연히 자네 얼굴이나 손등에 몸을 비벼 댈 걸세. 이렇게 고양이 같은 방식으로 사랑하는 사람들이 있다네."

내가 맞장구쳤다.

"맞습니다, 맞아요! 그럼 네 번째 방식은 뭔가요?"

"네 번째로는 함께하는 시간이 곧 사랑이라고 생각하는 사람들이 있다네. 이런 식으로 사랑을 나누는 사람에게 스킨십은 별로 중요하지 않아. 또 이런 사람들은 자기를 위해 뭔가를 해 주거나, 사랑한다고 귀가 따갑도록 말해 주는 것도 바라지 않네. 이 사람들에게 중요한 건 시간을 함께 나누는거야."

존스가 빙그레 웃으며 덧붙였다.

"내가 보기에 자네는 여기에 속하는 사람이 아니구먼. 혹시 아내가 '우리가 함께하는 시간이 좀 더 많았으면 좋겠어요' '정작 필요할 때 당신은 옆에 없어요'라는 식으로 말한 적 없나?"

나는 자신 없이 고개를 끄덕였다. 그리고 존스가 무슨 말을 할지 짐작하고 변명을 늘어놓았다.

"맞습니다. 아내가 가끔 그렇게 얘기합니다. 그런데 아시겠지만 저는 집에서 일해요. 그래서 '내가 옆에 없다는 말이 무슨 뜻이야? 어떻게 이보다 더 많은 시간을 함께 지내? 난 하루종일 집에 있는데!'라는 생각이 들더라고요."

존스가 고개를 끄덕였다.

"그렇지, 자네가 종일 집에 있기는 하지. 하지만 아내 옆에 있는 건 아니잖아. 자네 부인에게는 '함께하는 시간'이 필요한 거네. 자네와 단 둘이 보내는 시간 말일세. 이게 바로 자네 부인이 사랑을 표현하는 방식이야. 아내가 사랑을 표현하는 법을 배워야 할 거네. 시간을 할애해서 아내가 하루를 어떻게 보냈고, 꿈이 뭐며, 무엇을 걱정하는지 귀담아 들어야 하네. 그래야 사랑받는다고 느낄 거야."

"제가 바보였습니다. 그런 줄은 정말 몰랐습니다."

존스가 손을 휘휘 저으며 말했다.

"그렇게 자책하지는 말게. 왜 자네가 그걸 이제야 알았겠나? 다른 사람도 우리와 똑같을 거라고 생각하며 자랐기 때문이지. 하지만 우리와 똑같은 사람은 어디에도 없네. 이제라도 알았으니 다행이 아닌가."

"예! 이제라도 알았으니 달라질 겁니다."

나는 잠시 생각에 잠겼다. 방금 존스에게 배운 것을 곱씹어 보았다. 잠시 후, 나는 짓궂게 웃으며 말했다.

"존스, 신체 접촉으로 사랑을 표현하는 사람은 고양이 과라고 하셨죠? 그럼, 함께 시간을 보내고 싶어 하는 사람은 어떤 과인가요?"

존스가 부드럽게 웃음 지으며 말했다.

"함께하는 시간으로 사랑받는다고 느끼는 사람은 카나리아라고 생각할 수 있다네. 카나리아는 '나랑 있어 주기만 해요!'라고 노래하지. 누가 먹이를 주고 물을 주느냐에는 조금도 관심이 없네. 자네가 무슨 말을 해도 신경 쓰지 않고, 쓰다듬어 주길 바라지도 않아. 그저 누군가 옆에 앉아 자기 노래를 들어 줄 때 가장 행복해 하지. 그래서 무시당하는 카나리아는 금세 죽고 만다네. 먹이가 없어 죽는 게 아니라, 사랑과 관심을 받지 못해 죽는 거야."

"그럼, 저는 어떤 동물일까요?"

이렇게 묻고서 존스의 표정을 유심히 살폈다. 존스는 싱긋이 웃으며 대답했다.

"자네는 강아지야. 자네는 칭찬하는 말에서 사랑받는다고 느끼니까. 그렇지?"

"정확하시네요! 그런데 왜 강아지인가요?"

"강아지를 칭찬해 보게. 그럼 온몸을 흔들어 대지 않나. 강아지를 훈련시키는 가장 효과적인 방법이 뭐겠나? '잘 했어!' '착하지!'라고 칭찬하는 거네. 칭찬의 말에서 사랑을 느끼는 사람에게 조심해야 할 점이 하나 있네. 화난 목소리로 꾸지람을 해서는 안 된다는 걸세. 혼찌검을 내면 강아지는 금세 풀이 죽지 않나."

나는 손가락을 꼽아 가며 말했다.

"그렇군요. 고양이, 카나리아, 강아지……. 그럼, 배려와 행동으로 사랑하는 사람은 어떤 동물과 유사할까요?"

"쟨 같은 사람은 금붕어에 비유할 수 있지."

나는 웃음을 터뜨렸다.

"하하, 잰이 그 말을 들었다면 뭐라고 했을까요?"

존스가 눈빛을 반짝이며 내게 쏘아붙였다.

"꼭 잰에게 일러바칠 태세구먼."

나는 여전히 낄낄대며 말했다.

"그럼요, 모두에게 떠벌리고 다닐 겁니다."

존스가 어깨를 으쓱하며 말했다.

"그래, 모두가 아는 것도 나쁘지 않겠지. 부부에게만 필요한 지식은 아닐 테니까. 사랑을 표현하는 방식을 구분할 수 있으면 자식과 친구는 물론, 함께 일하는 동료들을 상대할 때도 도움이 될 거네. 우리 모두는 누구나 저마다의 고유한 표현 방식이 있으니까. 모두가 상대를 이해한다면 세상은 좀 더 더 살기 좋은 곳이 되지 않겠나?"

나는 존스의 말을 잠시 생각해 보았다.

"존스, 그런데 왜 잰은 금붕어인가요?"

"금붕어는 배려하는 행동이 있을 때만 사랑받는다고 느끼는 동물이네. 금붕어를 만질 수는 없잖나. 또 우리가 금붕어에게 사랑한다고 말해도 금붕어가 그 말을 들을 수 있겠나? 그래서 금붕어에게는 칭찬이 필요 없네. 함께하는 시간도 마찬가지야.

자네가 옆에 있든 없든 금붕어는 그런 것에 관심 없어! 그저 먹이를 주고, 어항을 깨끗이 청소해 주길 바랄 뿐이지. 여하튼 아내가 옆에 있을 때 잘하게!"

"예, 이미 머릿속에 꼭꼭 새겨 넣었습니다."

존스가 나지막이 말했다.

"그래야지. 모두 내가 오랫동안 사람들을 지켜보면서 깨달은 거야. 우리가 관점을 조금만 바꾸면 된다네."

그리고 존스는 자리에서 일어나 허리를 쭉 펴며 덧붙였다.

"벌써 해가 저물고 있군. 자네도 빨리 집에 가서, 사랑하는 아내와 함께 시간을 보내게."

나도 일어섰다. 하지만 마음이 편하지 않았다. 문득 존스에게 너무 많은 것을 빚졌다는 생각이 들었다. 하지만 나는 그에 대해 아는 것이 거의 없었다. 분명한 사실은 내가 그를 사랑하고, 그 역시 나를 사랑한다는 것이었다.

나는 조심스레 입을 뗐다.

"존스, 정말 우리 집에서 묵지 않으시겠어요?"

"말만으로도 고맙네. 정말이야. 하지만 난 괜찮네. 배를 곯지도 않고 춥고 축축한 데서 자지도 않을 거니까, 늙은이 걱정은 말게. 게다가 난 또 약속이 있거든."

존스는 웃어 보이고 여행 가방을 집어 들었다. 우리는 천천히 방파제에서 내려왔다.

나는 차에 올라타기 전에 존스에게 물었다.

"다시 뵐 수 있겠죠? 이 근처에 계신다면요."

"물론이지. 당분간 여기 오렌지비치에서 지낼 거네. 언제든 찾아오게."

그리고 존스는 티셔츠와 청바지에서 모래를 툭툭 털어 내며 말했다.

"항상 이렇게 입고 있을 테니까."

걱정은 너무 똑똑해서 하는 것이다

"자네는 똑똑해서 걱정이 많아.
정확히 말하면 창의적 상상력을
잘못 활용해서 '근거 없는 두려움'이
생기는 거네."

존스는 해변 도로를 건너가 공원을 거닐었다. 1시간쯤 지나자 어둠이 내리기 시작했다. 저녁 하늘이 붉은 자주빛으로 물들었고, 밤 공연을 위한 화려한 무대가 꾸며졌다. 공원에 들어서서 처음 만난 작은 다리를 건널 쯤엔 다리 아래 습지에서 개구리와 귀뚜라미가 요란하게 울어 댔다. 조금 더 걷자, 머리 위에서 공기를 부드럽게 가르는 소리가 들려왔다. 존스는 고개를 들고 저녁 하늘을 두리번거렸다. 저녁 사냥에 나선 올빼미가 눈에 들어왔다. 존스는 목적지에 다다른 듯 발걸음을 늦추었다. 커다란 물고기인지 작은 악어인지 알 수 없는 무엇이 물을 튕기는 소리를 내고 있었다.

존스는 늙은 소나무 앞에서 걸음을 멈추고, 낡은 여행 가방을 내려놓았다. 그리고 여행 가방 위에 앉아 소나무에 등을 기댔다. 저쪽 길에 자동차 불빛이 번쩍였다. 관광객들은 그 길을 거의 이용하지 않았다. 주로 동네 사람들이 59번 간선도로에 진입하기 위해 지름길로 사용하는 길이었다. 존스는 피곤하지는 않았지만 나무에 등을 기대고 스르르 눈을 감았다.

워커 마일스는 그 길로 다닌 적이 거의 없었다. 그날 저녁에도 해변 도로의 신호등이 붉은 불이 아니었다면 그쪽으로 들어서지 않았을 것이다. 대기 시간이 지루하게 길다는 걸 알았기에 워커는 기다리고 싶지 않아 오른쪽으로 방향을 틀어 공원 길로 들어섰다.

중형 세단이 겨우 지나갈 정도로 좁고 구불거리는 길을 운전하면서 워커는 문득 자신이 지나온 삶을 돌이켜 보았다. 그는 제약 회사 영업부장이었다. 나이는 53세였지만, 넉 달 전에 두 번째 이혼을 하면서 다시 혼자가 됐다. 그리고 새 출발을 하겠다는 희망을 품고 이곳 해변으로 이사 왔다. 전에 이곳에 휴가를 왔을 때 무척 즐거웠던 기억이 있었기 때문이다. 조그만 행복이라도 찾을 가능성이 있는 곳에서 살고 싶었다. 그로서는 행복의 그림자도 찾기 어려웠다. 그에게 행복은 손에 잡힐 듯 잡히지 않았고, 언제나 눈앞에서 도망치듯 사라져 버리는 신기루 같았다. 그래서 워커는 자신에게 어떤 문제가 있고, 또 자신이 어떤 실수를 저질렀는지 생각하느라 항상 골머리를 썩였다. 결국에는 사람들이 자신을 깔보고 직장에서도 인정받지 못한다는 원망에 사로잡히기도 했다. 얼마 전에는 진지하게 자살을 생각하기도 했다.

워커의 첫 번째 부인, 켄드라는 〈곰돌이 푸〉의 당나귀 친구, 이요르처럼 항상 침울하고 비관적인 생각에 사로잡힌 남자와 더는 함께 살 수 없다면서 떠나갔다. 두 번째 부인, 데브라도 그의 곁을 떠날 때 "워커, 하늘이 무너지진 않아요. 언젠가는 그걸 깨달았으면 좋겠어요"라고 말했다.

그날 밤, 워커는 피곤에 지치기도 했지만 평소처럼 울적한 기분에 짓눌려 있었다.

워커는 전조등을 밝히고 공원에서 첫 다리를 지났다. 다리를 건너자마자, 길에서 3~4미터 떨어진 곳에 사람의 모습이 얼핏 보였다.

"떠돌이 부랑자인 모양이군. 엄청 늙은 것 같은데."

노인을 보고 처음 머릿속에 떠오른 생각도 이렇듯 그리 긍정적이지는 않았다. 워커는 속도를 늦추고 싶지 않았다. 하물며 자동차를 멈출 생각은 추호도 없었다. 하지만 자기도 모르게 브레이크를 밟으며, "대체 내가 뭐하는 거야?"라고 혼잣말로 투덜거렸다.

워커는 길 한가운데 차를 멈추고 잠시 우두커니 앉아 있었다. 잠시 후, 그는 한숨을 내쉬며 고개를 저었다. 그리고 뒷거울을 살피며 자동차를 후진했다. "또 바보짓을 하는군!" 하고 중얼거렸지만, 노인 옆에 자동차를 멈춰 세우고는 조수석 유리창을 내렸다. 그리고 어둠 속을 뚫어지게 쳐다보았다.

노인이 손을 살짝 들어 인사를 건넸다.

"안녕하신가?"

워커가 물었다.

"뭐 도와 드릴 일이라도?"

노인은 대답하지 않았다. 하지만 허리를 펴고 일어서서 깔고 앉았던 것을 집어 들고 자동차 쪽으로 다가왔다.

노인이 다가오자 워커는 조수석 창문을 거의 끝까지 바싹 올렸다. 온몸의 세포 하나하나가 당장 그곳에서 도망치라고 비명을 질러 대는 것 같았다. 그러나 어떤 영문인지 몸을 옴짝달싹할 수가 없었다.

어느새 노인이 자동차 옆에 서서 다정한 목소리로 말했다.

"미안하네. 나한테 뭐라고 물었나? 내가 옛날만큼 귀가 밝지 않아서 말이야."

"음……."

워커는 움찔해서 노인의 얼굴을 올려다보았다. 하얗게 센 머리칼과 푸른 눈동자가 주변의 희미한 불빛 때문인지 유난히 두드러져 보였다.

노인이 다시 재촉했다.

"다시 말해 주겠나?"

"예, 제가 도와 드릴 일이 있는지 물었습니다."

노인이 한숨을 내쉬며, 놀란 듯 고개를 설레설레 저었다.

"허! 세상에 도움이 필요하지 않은 사람이 어딨나!"

"죄송합니다."

"죄송할 것까지는 없네. 내가 자네 차를 타면 되니까."

그렇게 말하며 노인은 태연히 차문을 열고 여행 가방까지 끌어안은 채 차에 올라탔다. 미처 항의할 틈도 없었다. 워커는 너무나 놀라, 화를 내면서 그 늙은 침입자에게 당장 내리라고 해야 할지, 차라리 자신이 차에서 내려야 할지 갈피를 잡을 수 없었다. 이상하다, 차문은 분명히 잠겨 있었는데…….

노인은 말할 틈도 주지 않고 손을 쑥 내밀며 말했다.

"존스라고 하네. 씨는 붙이지 말게."

그러고는 눈을 크게 뜨면서 덧붙였다.

"혹시 자네가 워커 마일스? 아이쿠, 몰라봐서 미안하네."

워커는 얼굴을 찌푸리며 말했다.

"제가 언제 어르신을 만났었나요?"

"그건 아니고. 일주일 전에 슈렉 박사의 사무실에서 자네를 봤지. 자네는 기억하지 못하겠지만, 슈렉 박사가 자네 이름을 한두 번인가 말하는 걸 들었거든. 난 한번 들은 이름은 잊어버리지 않아. 얼굴도 그렇고."

워커는 여전히 의심을 떨치지 못했다. 그는 이 지역의 모든 의사를 찾아다녔다. 슈렉 박사도 워커의 고객 중 하나였다. 하기야 그가 의사들의 환자에게까지 관심을 기울인 적은 없었다. 워커는 이 노인도 환자일 거라고 생각했다.

"아무튼 도움이 필요하다고 하셨죠?"

존스가 천진난만하게 눈을 깜빡이며 되물었다.

"내가 그랬던가? 그럼 폴리까지 데려다주겠나? 자네도 그쪽으로 가지, 아마?"

워커는 속도를 올리면서 실내등을 켠 다음 옆자리에 앉은 이상한 노인을 쳐다보며 말했다.

"예, 저도 폴리에 갑니다."

워커는 속도를 올리면서 존스에게 물었다.

"어디에 내려 드릴까요?"

"오늘밤엔 특별히 갈 곳이 없구먼."

존스는 이렇게 말하며 싱긋이 웃었지만 워커는 여전히 시무룩한 표정이었다. 그러자 존스가 화제를 바꾸었다.

"언젠가 어떤 도시에서 끔찍한 사고를 목격한 적이 있네. 시카고였던 것 같은데, 바람에 날아간 모자를 쫓던 남자가 자동차에 치여 그 자리에서 즉사했지."

워커는 짜증스런 얼굴로 노인을 힐끔 쳐다보며 말했다.

"그런 얘기를 왜 하시는 겁니까?"

존스는 정면을 응시한 채 대답했다.

"아무것도 아닌 걸 쫓다가 모든 걸 잃어버릴 수 있다니 놀랍지 않나?"

한동안 그들은 아무 말도 하지 않았다. 자동차 전조등이 공원 도로를 따라 구불거리며 아스팔트 위에서 춤을 추었다. 워커는 앞만 보고 운전하는 것 같았지만, 노인이 방금 한 말이 머릿속에서 계속 맴돌았다. 마침내 워커는 핸들에 손을 얹고 한숨을 내쉬며 말했다.

"제가 바로 그런 사람입니다."

존스는 자세를 바꿔 앉으며 혀를 끌끌 찼다.

"그랬군. 누구나 한두 번쯤은 그렇지. 하지만 왜 자네가 그런 사람이라고 생각하나?"

워커는 영리하고 빈틈없는 사람이었다. 그런 그가 왜 차를 멈추고 존스라는 이 이상한 노인을 태웠는지는 스스로도 이해하기 어려웠다. 그런데 이제는 꼭꼭 감춰 누었던 속내까지 털어놓으려 하고 있었다. 누구에게도 그런 얘기를 하고 싶지 않았건만 마음 한 귀퉁이에서 존스와 얘기해 보라고 부추기는 소리가 들려왔다. 이성은 그에게 당장 입을 다물라고 윽박질렀지만, 그보다 훨씬 강한 힘이 그에게 노인을 믿고 의지하라고 유혹했다. 결국 워커는 존스가 아주 오래전부터 알고 지낸 친구인 양 그에게 모든 걸 털어놓기 시작했다.

세 남매 중 막내로 자랐던 어린 시절, 알코올 중독자 아버지 때문에 받았던 고통, 실패한 결혼 생활과 그때까지 전전했던 직업들도 숨김없이 털어놓았다. 한때 남부럽지 않게 성공했지만, 어떤 경우에도 편히 즐기지 못하는 성격 때문에 결국에는 실패한 인생에 대해서도. 그렇게 그는 그의 영혼까지 존스에게 훤히 보여 주었다.

＊ ＊ ＊

존스에게 모든 걸 얘기했을 무렵 그들은 와플 하우스에서 커피를 넉 잔째 마시고 있었다. 워커는 생전 처음 보는 늙수그레한 남자에게 속내를 모두 털어놓았다는 생각에 다시 한번 놀랐지만, 오랫동안 만나지 못한 친구를 다시 만난 기분이었다.

워커가 말했다.

"아버지가 알코올 중독자였기 때문에 저도 낙오자라는 기분이 들어요."

존스가 매정하게 말했다.

"어쩌면 자네가 낙오자여서 자네 아버지가 알코올 중독자가 됐을 수도 있지."

존스는 그렇게 말하고는 껄껄 웃으면서, 두 손을 들어 워커의 주먹질을 막으려는 듯한 시늉을 해 보였다.

"농담이네, 농담!"

워커는 화를 내야 할지, 그냥 웃고 넘겨야 할지 알 수 없었다. 존스는 진지한 목소리로 계속 말했다.

"자네 아버지와의 문제는 모두 지나간 일이네. 자네 아버지는 돌아가시고 없어. 그런데 아직도 '내 아버지는 알코올 중독자였다'는 생각에 사로잡혀 있구먼. 어두운 과거에 자네 운명까지 굳이 옭아맬 필요가 있는가?"

워커가 눈을 질끈 감고 대답했다.

"압니다, 알아요. 저도 안다고요. 과거에 연연할 필요 없죠. 과거 때문에 걱정할 필요가 없다는 것도 압니다. 과거 때문에 풀죽어 지낼 필요가 없다는 것도 물론 압니다."

그는 눈을 뜨고 존스를 쳐다보았다. 53년간 쌓인 좌절이 표정에서 묻어났다. 워커는 소리라도 지르고 싶었지만 담담하게 말하려 애썼다.

"그래야 한다는 걸 분명히 알고 있습니다. 하지만 도저히 떨칠 수가 없어요. 그런 생각들이 내 삶을 망쳐 버렸습니다."

그는 잠시 말을 멈추었다. 그리고 갈라진 목소리로 덧붙였다.

"정말 어떻게 해야 할지 모르겠습니다."

존스는 손을 내밀어 워커의 팔을 지그시 눌렀다. 워커는 긴장을 풀고 깊이 숨을 내쉬었다.

"내 눈을 똑바로 보게."

존스의 말에 워커가 눈길을 존스에게로 돌렸다.

"기분이 그럴 때는 극단적인 처방이 필요한 게 아닐세. 대단한 문제처럼 보이지만 실제로는 큰 문제가 전혀 아니거든."

워커는 고개를 끄덕였다.

존스는 심호흡을 하고는 말을 이어 갔다.

"먼저, 자네는 똑똑해서 걱정이 많아. 정확히 말하면 그건 '근거 없는 두려움'이라 할 수 있지."

워커의 얼굴이 순식간에 새하얗게 질렸다. 그는 의자에 앉은 채 무너져 내렸다. 존스는 워커의 마음이 훤히 보인다는 듯 부드럽게 나무랐다.

"정신 차리게. 칭찬을 듣길 바란 건 아니잖은가. 그렇다고 내가 자네의 결점을 지적하려는 건 더더욱 아니고. 난 진실을 말한 것뿐이야. 약간 다른 관점에서 말이지. 자네는 합리적이고 논리적인 사람이잖나. 내 말을 가감 없이 듣게. 나중엔 고마워하게 될 테니."

존스는 커피를 한 모금 마시고 다시 얘기를 시작했다.

"나는 분명히 말했네. 자네는 똑똑해서 걱정을 하는 거라고."

노인은 비밀 얘기라도 하듯이 주변을 둘러보고는 나지막이 말했다.

"멍청한 사람은 걱정하지 않아. 두려운 게 없으니까."

워커가 얼굴을 찌푸리며 곤혹스런 표정을 짓자 존스가 설명을 덧붙였다.

"좋아, 그럼 내가 하나만 물어보지. 똑똑한 사람이 멍청한 사람보다 창의적이고 상상력이 뛰어나다는 건 인정하나?"

워커는 존스가 무슨 말을 하려는 건지 짐작도 되지 않았다.

"그럴 것 같기는 합니다."

"그래. 바로 그 때문에 똑똑한 사람이 걱정도 많고 두려움도 많은 걸세. 마음속에 있는 창의적 상상력을 잘못 활용해서 걱정도 생기고 두려움도 생기는 거야. 똑똑하고 창의적이기에 어떤 일이 일어날까, 이런저런 일이 벌어지면 어떻게 될지 자꾸만 잘못 상상하는 거지. 내 말이 무슨 뜻인지 알겠나?"

워커는 천천히 고개를 끄덕였고, 그의 얼굴에도 희미한 미소가 엿보이기 시작했다.

"예. 제가 그래요. 그렇게 똑똑하지는 않지만요."

존스가 손을 휘휘 저으며 말했다.

"자네가 무슨 말을 하려는지 알아. 하지만 멍청한 사람은 상상할 수 없으니 어떤 걱정도 하지 않네! 어떤 것도 두려워하지 않고 말이지. 자네도 텔레비전을 보지? '조심해! 하지 마!'라고 말하는 사람보다 '젠장, 난 그런 것 못 해!'라고 말하는 사람이 더 멍청해 보이지 않던가?"

이렇게 말하며 노인이 껄껄대고 웃자, 워커도 노인을 따라 큰 소리로 웃었다.

"어르신 말씀이 맞는 것 같습니다."

"맞는 것 같다니, 확실하지! 자네처럼 똑똑한 사람들이 상상력을 잘못 써서, 연기도 나지 않는데 '불이야!'라고 소리 지르는 꼴이라니까."

워커가 물었다.

"그럼 어떻게 해야 그런 걱정을 떨쳐 낼 수 있을까요? 그게 문젭니다. 저는 논리적으로 생각하면 전혀 근거 없는 일들을 걱정하고 있거든요."

"논리적으로 생각해서 그런 걱정이나 두려움이 근거 없는 것이라고 확신한다면, 그것들을 떨쳐 내는 가장 쉬운 방법은 바로 논리적으로 생각하는 거네."

워커는 진지한 표정이었지만 고개를 설레설레 저었다.

"무슨 말인지 모르겠습니다."

"지금 당장은 이해하기 힘들 걸세. 먼저 두 가지를 알아야 하네. 하나는 자네가 어떤 방식으로 생각하는지 살펴보고, 다른 하나는 그 생각을 논리로 극복하는 것이네."

존스는 자세를 고쳐 앉아 팔꿈치를 테이블에 대고, 워커를 뚫어지게 쳐다보며 말했다.

"의심과 두려움이 밀려오면 우리 잠재의식에서는 가능성을 계산해 보게 돼. '정말 일어날지도 몰라!' '정말 그렇게 되면 어떻게 하지?' 하고 말이야."

존스는 얼굴을 워커에게 더 바싹 갖다 댔다.

"그러곤 위험이 코앞에 닥쳤다는 생각에 짓눌려 어떤 일도 세대로 해내지 못하고, 인간관계까지 엉망이 돼 버리네. 한마디로 잘못된 상상 때문에 자멸하는 셈이야. 자네가 바로 그랬고.

그러니 올바른 논리로 잘못된 논리를 물리치려면, 잠재의식으로 가능성을 계산하는 습관부터 버려야 해. 기왕에 뭔가를 계산하려면 '확률'을 계산해 보게. 논리적으로 어떤 일이 생길 확률을 계산하면, 그 일이 실제로 자네 삶에서 일어날 가능성은 희박하다는 걸 어렵지 않게 알 수 있을 테니까."

존스는 지나가던 종업원에게 연필을 빌렸다.

"일단 자네가 걱정하는 일에 대한 내 계산이 맞다고 해 보세."

이렇게 말하며 존스는 냅킨을 뽑아 '40%'라고 썼다. 그리고 눈을 치켜뜨며 말했다.

"40퍼센트. 자네가 걱정하는 것 중 40퍼센트가 앞으로 일어날 가능성이 전혀 없어."

존스는 냅킨에 다시 시선을 돌리며 '30%'라고 썼다.

"자네가 걱정하는 것 중 30퍼센트는 과거에 있던 일이야. 하지만 걱정을 한다고 이미 일어난 일을 바꿀 수 없어. 그렇지?"

워커가 고개를 끄덕였다.

존스는 냅킨에 '12%'라고 쓰며 다시 말했다.

"모든 걱정거리 중 12퍼센트 정도가 건강과 관계 있을 거네. 조금만 걸어도 숨이 찬데 암인가? 머리가 아픈데 뇌종양인가? 아버지가 예순에 심장 발작으로 돌아가셨는데, 내 나이가 벌써

쉰아홉이야……."

존스가 고개를 들며 워커에게 물었다.

"내 말이 맞나?"

"예, 맞습니다."

존스는 이번에는 '10%'라고 썼다.

"남의 시선에 대한 쓸데없는 걱정은 10퍼센트쯤 될 거네. 하지만 우리가 남의 생각까지 맘대로 조절할 수는 없지."

워커는 고개를 비스듬히 기울이고, 앞에 거꾸로 놓인 냅킨의 숫자를 읽었다.

"제 계산이 맞다면 8퍼센트밖에 남지 않는군요. 8퍼센트는 뭘까요?"

존스가 대답했다.

"8퍼센트만이 합리적인 걱정이란 뜻이지."

존스는 손가락 하나를 세우며 진지하게 말했다.

"하지만 이 합리적인 걱정도 얼마든지 해결할 수 있다는 걸 명심하게. 사람들은 늘 앞으로 일어나지도 않을 일, 자기 힘으로는 통제할 수 없는 일을 걱정하느라 진이 빠져서 정작 자기 힘으로 해결할 수 있는 일조차 처리하지 못한다니까."

워커가 순순히 인정했다.

"예, 제가 바로 그렇습니다."

"이제부턴 달라져야지. 대답해 보게. 매일 아침에 눈을 뜨자마자 무슨 생각을 하나?"

"글쎄요. 오늘 무슨 일을 해야 하며, 누구에게 전화를 걸고, 가장 먼저 처리해야 할 일은 무엇인지 생각하지 않을까요?"

"그런 일들이 그날 가장 먼저 생각할 것들인가?"

"그럼요, 당연하죠."

"알았네. 반드시 해야 할 일까지 생각하지 말라는 건 아니네. 하지만 약간 다른 생각도 곁들이면 더 낫지 않을까? 수첩하고 연필을 침대 옆에 두고, 잠에서 깨면 그것부터 집어 들게. 그리고 10분 남짓 어디든 갖고 다니면서, 자네가 감사해야 할 일을 써 보게. 이름도 좋고, 물건도 좋고, 느낌도 상관없네. 뭐든 써 봐. 예를 들면 깨끗한 시트며 하늘을 가려 준 지붕은 얼마나 고마운가. 이불도 없이 밖에서 밤을 보내는 사람이 얼마나 많은지 알지? 아침 식사도 그렇지. 자네는 살을 빼려고 아침 식사를 거를지 몰라도 먹고 싶어도 먹지 못하는 사람이 부지기수네. 너그러운 마음으로, 또 창의적인 자세로, 자네가 감사해야 할 것의 목록을 작성하게. 매일 똑같은 것을 쓴다고 부끄러워할 건 없네. 그냥 생각나는 대로 써 보게. 물론 처음엔 쉽지 않을 거야."

존스는 빙그레 웃으며 덧붙였다.

"이미 깨달았겠지만, 결국 자네가 싸워 이겨 낼 상대는 바로 자네의 잘못된 상상이야!"

존스는 연필을 내려놓고 의자에 등을 기댔다. 그리고 이제 헤어질 시간이 됐다며 덧붙였다.

"이제부터 자네는 달라질 수 있을 거네. 흔히 걱정이 많은 사람은 집중할 수 없다고 말하지. 그래서 직장도 잃고 인간관계도 망친다고 하더라고. 하지만 그건 틀린 말이야. 걱정이 많은 사람도 얼마든지 집중할 수 있네. 걱정하는 것도 집중하는 거니까! 잘못된 것에 집중하는 게 문제지. 자네는 이제 확률을 계산할 수 있네. 이런 관점으로 살아가면, 자네가 통제할 수 있는 것에 집중할 수 있어. 더 이상 쓸데없는 일로 슬퍼하거나 걱정할 필요가 없지. 그리고 모든 것에 감사하게 될 거네! 좌절의 씨앗은 감사하는 마음에 결코 뿌리내릴 수 없는 법이니까."

존스는 워커에게 화장실 쪽을 가리키며 말했다.

"자, 가서 얼굴이라도 씻고 오게."

워커가 자리에서 일어나, 멋쩍은듯 존스를 바라보았다. 그리고 노인의 어깨에 한 손을 조심스레 얹고 차분한 목소리로 말했다.

"감사합니다, 존스. 오늘밤 어르신을 만나지 못했다면 저는 아마……."

존스가 워커의 말을 가로막았다. 어깨 위의 손을 어루만지며 자상한 목소리로 말했다.

"그만하게. 자네 마음을 잘 아니까. 가서 씻고 오게."

그로부터 2분이나 지났을까? 워커가 화장실에 다녀왔을 때 테이블에는 음식 값이 놓여 있을 뿐, 노인은 온데간데없이 사라지고 없었다.

세 번째 관점

친구가 주는 것은 우정만이 아니다

"잎은 일종의 지표야. 잎 하나만으로
나무에 대해 많은 걸 알아낼 수 있듯
사람들이 흘리는 잎에서도 그 사람에 대해
많은 걸 짐작할 수 있단다."

"존스를 아십니까?"

로버트 크래프트가 클럽 하우스 계단에서 나를 보자 다짜고짜 물었다. 로버트는 멕시코만에서 가장 멋진 골프장 중 하나인 크래프트 팜스의 주인이다. 그날 나는 점심 식사를 하려고 클럽 하우스에 들른 참이었다.

"그럼요, 잘 압니다."

이렇게 대답하고 나는 클럽 하우스 주변을 둘러보았다. 존스가 한눈에 들어왔다. 그는 낡은 여행 가방에 발을 얹고 앉아, 새파란 젊은이들에게 둘러싸여 있었다. 대부분이 10대 후반에서 20대 초반으로 보이는 청년들이었는데 환히 웃는 얼굴로 존스의 말 한마디 한마디에 귀를 기울였다.

"저 친구들은 누굽니까?"

"캐디, 식당 직원, 잔디 관리원······. 모두 여기 직원이지만 오늘은 비번인 친구들입니다."

로버트는 빙그레 웃으며 덧붙였다.

"어쩌면 근무 중에 슬쩍 빠져나온 친구들도 있을걸요."

내가 로버트에게 물었다.

"그런데 존스는 어떻게 아십니까?"

로버트는 노인을 에워싸고 싱그럽게 얘기를 나누는 젊은이들을 바라보며 대답했다.

"아버지가 저분을 아셨습니다. 아버지가 어머니를 만나기 전에, 존스 덕분에 절망의 수렁에서 벗어났다고 하시더군요."

로버트는 내게 눈을 돌리며 말을 이어 갔다.

"당신도 알겠지만, 대단한 비결은 아니었습니다. '세상을 다른 눈으로도 볼 수 있다'는 걸 가르쳐 주었다고 해요. 아버지는 그 가르침을 평생 잊지 못했지요. 물론, 저 노인도요."

"존스를 자주 만납니까?"

로버트는 얼굴 표정이 이상하게 변하며 되물었다.

"당신은요?"

"내가 먼저 물었습니다."

로버트가 빙긋 웃고는 다시 존스를 바라보며 대답했다.

"언젠가 아버지에게 존스가 지금보다 젊었을 때는 어떤 모습이었느냐고 물은 적이 있었어요. 저 모습 그대로였다고 하시더군요."

그리고 내 질문이 기억난 듯 덧붙여 말했다.

"나는 존스를 지금까지 열 내지 열두 '기간'밖에 보지 못했습니다."

"기간이라뇨, 무슨 뜻이죠?"

"당신도 알겠지만 존스는 한번 오면 한동안 머물잖아요? 그러다가 또 얼마간은 보이지 않고요. 그래서 '기간'이라 말한 겁니다. 하도 오랫동안 보이지 않아 잊은 적도 가끔 있습니다. 하지만 어김없이 돌아오시더군요."

로버트는 18번 홀을 바라보았다. 그리고 두 팔을 활짝 펴 보이며 말했다.

"아버지는 이곳에서 시작했습니다. 골프장이 들어서기 전에 여기는 온통 글라디올러스 밭이었지요. 몇 해 전에 아버지는 내게 이 골프장을 물려주면서, 존스는 무료로 쓸 수 있게 하라고 신신당부하셨습니다."

"정말입니까?"

"그런데 존스는 골프를 치지 않습니다. 그저 돌아다니면서 사람들과 얘기할 뿐입니다. 때로는 식당에 있을 때도 있고, 퍼팅 그린 옆에 있을 때도 있지만 항상 사람들과 이야기를 나눕니다. 잠은 어디에서 자는지 모르겠습니다. 아니, 잠을 자는지도 모르겠습니다. 여하튼 이 부근에서 잠을 잔 적은 없어요."

로버트는 계속 말을 이었다.

"우리는 존스에게 밥값을 받지 않으려고 하지만 존스는 한번도 돈을 내지 않은 적이 없습니다. 게다가 직원들 말로는 팁도 두둑하게 준다고 하더군요. 그런 돈을 어디에서 버는지 모르겠지만, 저 여행 가방에 있지 않을까 짐작할 뿐입니다. 하느님만 아시겠지만, 그 가방에 옷이 들어 있지는 않을 겁니다. 언제나 똑같은 옷차림이잖아요."

존스를 에워싼 젊은이들이 다시 큰 웃음을 터뜨렸다. 로버트가 빙그레 웃으며 말했다.

"모두가 존스를 사랑합니다."

나는 호기심에 물었다.

"혹시 존스가 귀찮지는 않습니까? 사실 골프장에 어울리는 모습은 아니잖아요."

내친 김에 나는 직원들을 가리키며 덧붙여 물었다.

"직원들의 시간을 너무 많이 뺏는 건 아닐까요?"

"분명히 말씀드리지만, 존스를 여기 영원히 붙잡아 둘 방법이 있다면, 나는 무슨 수를 써서라도 그렇게 할 겁니다. 직원들은 존스와 얘기를 나누면 확실히 달라집니다. 모두가 즐겁게 일을 하고, 모든 면에서 나아져요. 내 아들, 미치 아시죠? 미치가 말하더군요. 존스가 직원들에게 좋은 조언을 해 준다고요. 대단한 조언은 아니라고 하지만, 직원들이 귀담아듣고 달라지는 걸 보면 조언이 효과가 있다는 거지요."

로버트는 이해할 수 없다는 듯 고개를 저으며 내게 물었다.

"젊은 사람들이 노인에게 저렇게나 관심을 보이는 걸 본 적이 있습니까? 당신도 시내에 떠도는 소문을 들었죠? 젊은 친구들만이 아닙니다. 사람들 모두가 존스를 좋아하고, 존스와 얘기를 나누고 싶어 하더라고요."

로버트는 말을 멈추고 생각에 잠겼다. 잠시 후, 그는 혼잣말처럼 말했다.

"그런데 이번에는 꽤 오랫동안 머무시네요."

존스가 우리를 보고는 손을 흔들어 보였다. 그리고 다시 젊은이들과 얘기를 계속했다. 나도 그 모습이 믿기지 않아 고개를 저으며 나지막이 중얼거렸다.

"존스."

로버트는 내 혼잣말을 들었는지 장난스레 말했다.

"존스 씨가 아닙니다."

나도 히죽 웃으면서 말했다.

"그렇죠. 그냥 존스일 뿐이죠."

내가 작별의 악수를 나누려고 손을 내밀자, 로버트가 내 손을 잡으며 말했다.

"아버지는 그를 존스라고 부르지 않았습니다."

"그래요? 그럼 뭐라고 부르셨습니까?"

"아버지가 존스를 처음 만난 건, 존스가 글라디올러스를 수확하려고 그 시기에만 찾아오는 계절노동자들과 함께 왔을 때였다고 하더군요. 그래서 아버지도 존스를 그들이 부르는 대로 불렀다고 합니다. 지금도 그들은 존스를 가르시아라고 부릅니다."

존스는 마침내 그를 에워싼 사람들과 헤어졌다. 그들은 주차장에 세워 둔 각자의 차를 찾아가거나, 일터로 돌아갔다. 존스는 그늘이 드리워져 있고 호수 풍경이 굽어보이는 클럽 하우스 베란다로 올라갔다. 젊은 친구 셋이 그를 기다리고 있었다.

훤칠하게 키가 큰 캐롤라인이 그에게 다가오며 물었다.

"어딜 다녀오시는 거예요, 존스? 콜라 한잔 하실래요?"

캐롤라인은 두 친구에게 "너희는?"이라고 묻고는 그들의 대답도 기다리지 않고 "콜라 넷!"을 외치며 클럽 하우스 안으로 들어갔다.

붉은 머리칼을 길게 늘어뜨린 캐롤라인은 고등학교 졸업반으로, 이 지역에서 가장 인기 있는 여학생 중 하나였다. 그녀의 아버지는 부동산 중개 은행을 운영했고, 어머니는 전업주부로 지역 봉사활동에 적극적으로 참여했다. 부족할 것 없는 화목한 가정이었다.

존스는 베란다로 나가면서, 따라오는 어밀리아를 힐끗 쳐다보았다. 대학교 2학년으로 봄방학을 맞아 집에 돌아와 있던 어밀리아는 캐롤라인보다 두 살 많았지만, 두 사람은 가장 친한 친구 사이였다. 어밀리아 옆에는 열아홉 살의 잘생긴 청년, 리치 베버가 서 있었다.

한 무리의 손님이 베란다에 올라와 한 바퀴 둘러보더니 다시 나갔다. 존스는 하얀 흔들의자에 앉았다. 어밀리아가 그 옆에 앉았다. 잠시 후, 캐롤라인이 돌아와 콜라를 나눠 주고는 베란다의 나무 바닥에 주저앉았다. 리치는 호수를 등지고 난간에 걸터앉았다.

리치가 말했다.

"존스, 오늘은 무슨 얘기를 하실 거예요?"

모카 커피처럼 검게 그을린 리치의 피부가 이른 오후 햇살에 반사돼 반짝였다. 이목구비가 또렷하고 가지런한 치열 때문인지 리치는 배우나 모델 같은 분위기를 풍겼다. 머리가 무척 총명한 리치는 공부에 전념했고, 골프를 제외한 다른 운동에는 거의 관심이 없었다. 성적도 뛰어나 가을에 전액 장학생으로 대학에

입학할 예정이었다.

존스가 짓궂게 대답했다.

"무슨 얘기? 오늘은 아무 얘기도 하고 싶지 않은데. 낮잠이나 자려고 올라왔단다."

캐롤라인이 분홍색 샌들을 신은 발로 존스가 앉은 의자를 툭툭 차며 재촉했다.

"존스! 존스도 우리를 만나고 싶어 하셨잖아요. 그러니까 얘기 좀 해 주세요."

존스는 껄껄대고 웃으면서 콜라를 한 모금 마셨다.

"좋아, 그럼 얘기를 해 보자. 하지만 이번엔 너희가 궁금한 걸 물어보려무나."

그리고 존스는 콜라 컵을 리치 쪽으로 들어 올리며 말했다.

"리치, 너부터 시작해 보겠니? 뭐든."

리치가 씩씩하게 대답했다.

"알았어요. 으음, 결혼해서 이혼하지 않고 행복하게 살려면 어떻게 해야 하나요?"

존스가 놀라는 시늉을 했다.

"오! 처음부터 쉽지 않은 질문이구먼. '시카고 컵스 팀 성적이 올해 어떨까요?'나 '송어가 언제부터 입질을 시작할까요?' 같은 질문만큼이나 어려운걸."

리치는 기대에 찬 표정으로 존스의 대답을 기다렸다.

존스가 진지한 표정으로 돌아와 리치에게 물었다.

"리치, 정말 그게 알고 싶은 거니?"

"그렇습니다."

존스는 깊게 숨을 들이마셨다가 내뱉었다.

"알겠다. 결혼은 했니?"

두 소녀가 킥킥대고 웃었고, 리치가 정색을 하며 소리쳤다.

"존스! 내가 결혼하지 않은 건 아시잖아요!"

캐롤라인이 끼어들었다.

"하지만 여자 친구는 많대요."

존스가 다시 물었다. 이제 얼굴에 조금의 장난기도 찾아볼 수 없었다.

"결혼도 안 했는데 왜 결혼해서 이혼하지 않고 행복하게 사는 법에 관심을 갖는 거니?"

리치가 어깨를 으쓱해 보이며 답했다.

"주변에 이혼하지 않은 부부는 우리 부모님뿐이거든요."

캐롤라인이 끼어들었다.

"우리 엄마아빠도 그래."

리치가 말했다.

"미안, 우리랑 너네만 빼고. 어쨌든 많은 사람이 너무 일찍 결혼하는 것 같아요. 우리가 아는 사람들은 그래요."

리치는 두 친구를 쳐다보며 동의를 구했다. 캐롤라인과 어밀리아가 고개를 끄덕이자, 리치가 계속 말했다.

"하지만 얼마 지나지 않아 모두가 이혼하더라고요. 그래서 결혼해서 이혼하지 않고 행복하게 사는 법을 묻는 거예요. 틀림없이 연애하는 동안 알아야 할 어떤 지혜가 있을 것 같거든요!"

존스가 흔들의자를 천천히 굴리며 말했다.

"역시 넌 똑똑하구나. 그래, 요즘 젊은 사람들은 모두 똑똑하지. 학교에서 좋은 선생님들이 많은 걸 가르쳐 줄 테니까. 하지만 지혜는 완전히 다른 거란다. 지혜는 학교 밖에서도 배울 수 있어. 삶을 바꿔 놓을 지혜는 친구, 책, 라디오나 텔레비전에서도 얻을 수 있지. 물론, 거기서 나쁜 걸 배울 수도 있고. 그런 나쁜 지혜도 너희 삶의 행로를 바꿔 놓을 수 있어."

세 젊은이는 존스의 말 한마디 한마디에 귀를 기울였다. 그들은 존스와 상당한 시간을 함께 지내 와서 존스가 어떤 질문에도 직접적으로 대답하지 않는다는 걸 알고 있었다. 존스의 대답은 소중한 것을 잔뜩 담은 커다란 봉투와도 같았다.

"지혜의 가장 큰 장점은 잘 분별할 수 있게 해 준다는 거란다. 분별력이 있으면, 옳고 그른 것, 또 선과 악을 즉각 구분할 수 있지. 받아들일 수 있는 것과 용인할 수 없는 것, 보람되게 보낸 시간과 쓸데없이 허비한 시간, 올바른 결정과 잘못된 결정 등도 마찬가지고. 이런 분별력을 가지려면 무엇보다 올바른 관점을 가져야 한단다."

리치가 말했다.

"결국 존스가 제일 좋아하는 단어를 또 사용하셨어요. 하지만 관점이 지혜와 무슨 상관이 있나요?"

"상관이 있고말고. 지혜를 뭐라고 정의할 수 있을까? 나라면 '현재의 선택이 미래에 미칠 영향을 보는 능력'이라고 정의할 거야. 그 능력이 있어야 미래에 대해 완전히 다른 관점에서 볼 수 있겠지. 더 구체적으로 설명해 볼까? 대부분의 사람이 불가능하다고 푸념하는 상황에서도 지혜로운 사람은 실낱 같은 선택의 가능성을 정확히 찾아낼 줄 알아."

존스가 갑자기 목소리를 낮추었다. 그래서 세 젊은이는 존스에게 바싹 다가앉았다.

"잘 들어 보렴. 수많은 선택 가능지가 있을 때 올바른 방향을 정확히 잡아내는 건 너희도 할 수 있을 거야. 약간의 지식과 지혜만 있으면 좋은 것과 나쁜 것을 구분하긴 어렵지 않으니까. 하지만 좋은 것과 가장 좋은 것 사이의 미세한 차이는 진짜 지혜를 갖춘 사람만이 구분할 수 있지. 그런데 미래는 그런 미세한 차이로 달라진단다. 선택에 따른 먼 장래의 결과를 내다볼 수 있는 관점을 가져야 하는 이유를 알겠니? 어떤 반려자를 선택하느냐에 따라 땅에서 맺어진 결혼이 될 수도 있고, 하늘에서 맺어진 결혼이 될 수도 있는 거야."

어밀리아가 말했다.

"바보 같은 질문일 수도 있는데요, 그 말이 리치 질문이랑 무슨 관계가 있나요? 리치가 뭐라고 물었는지 정확히 기억나지는 않지만."

모두가 웃었다. 존스도 빙그레 웃으며 대답했다.

"아니다, 제대로 물었구나. 대부분의 사람이 결혼을 짐이라 생각하지. 하지만 너희가 처음부터 지혜롭게 반려자를 선택한다면 그 짐이 훨씬 가벼울 거란다. 내 생각엔 리치가 대부분의 사람들보다 훨씬 나은 결혼 생활을 할 것 같구나. 왜냐고? 벌써부터 완벽한 선택을 하는 데 필요한 지혜를 구하고 있잖니."

존스는 천장에 매달린 선풍기에 시선을 돌리며 "그럼 우리 상황을 자세히 살펴볼까"라고 혼잣말처럼 중얼거리고는 어밀리아를 쳐다보았다.

"어밀리아, 사람들은 왜 결혼을 할까?"

어밀리아의 얼굴이 빨개졌다. 어밀리아는 시험을 보는 기분이었는지 대답하려다가 입을 다물어 버렸다. 존스가 재촉했다.

"어려운 질문은 아닌데. 자, 왜 사람들이 결혼할까?"

"그거야 서로 사랑하기 때문이 아닐까요?"

"그게 전부일까?"

"무슨 대답을 원하시는지 모르겠어요!"

존스가 말했다.

"정답은 없어. 그냥 좀 더 자세히 파헤쳐 보자는 거지. 그래, 서로 사랑하기 때문이고. 또 없을까?"

어밀리아가 재빨리 대답했다.

"서로 사랑하기 때문이고, 또 그 후로 평생을 함께 살고 싶어서요."

존스가 캐롤라인을 돌아보며 물었다.

"그런데 사랑하는 사람이 결혼할 만한 사람인 걸 어떻게 알 수 있을까?"

캐롤라인이 조심스레 대답했다.

"글쎄요. 함께 있고 싶은 유일한 사람이기 때문 아닐까요? 또 항상 생각나고, 안아 주고 싶은 사람이기도 할 테고요."

리치가 눈썹을 꿈틀대며 끼어들었다.

"또 '그걸'하고 싶은 사람이기도 하겠죠."

리치의 대답에 캐롤라인은 화난 표정을 지어 보였고, 어밀리아는 경멸하듯 말했다.

"꼭 그런 놈들처럼 말하는구나, 리치."

리치는 조금도 기죽지 않고 대꾸했다.

"그래, 난 그런 놈이야! 됐어?"

존스가 껄껄 웃으며 끼어들었다.

"그래, 됐다. 하지만 그 부분도 무시할 순 없겠지? 성욕이란 게 있으니까."

존스의 질문에 세 친구는 고개를 끄덕였다.

"그런데 사랑하는 사람이 평생을 함께하고 싶은 사람인지 어떻게 알 수 있을까?"

이렇게 말하고 존스는 그들을 차례로 쳐다보았다. 누구도 선뜻 대답하지 못했다. 마침내 캐롤라인이 대답했다.

"솔직히 생각해 본 적 없어요."

존스가 안타까운 표정으로 말했다.

"그래, 너만이 아니라 누구도 그 질문을 깊이 생각해 보지 않았을 거란다."

세 친구는 말없이 앉아, 존스가 방금 그들에게 한 말을 곱씹어 보았다. 잠시 후, 리치가 말했다.

"우리가 연애하는 동안, 그러니까 젊었을 때 평생을 함께하고 싶은 사람에 대해 생각해 봐야 한다는 뜻인가요?"

존스가 대답했다.

"글쎄, 모르겠구나. 너희는 어떻게 생각하니? 젊은 시절에 데이트를 하면서 평생을 함께하고 싶은 사람을 고민하지 않으면 어떻게 될까? 그런 사람을 현명하다고 말할 수 있을까?"

아무도 대답하지 않았다.

존스는 아이들에게 혼자 생각할 시간을 주었다. 한참 후에야 존스가 다시 입을 열었다.

"이제 함께 생각해 볼까. 좀 전에 물었던 결혼에 관한 얘기야. 분명히 말하지만, 나는 어떻게 해야 기존의 결혼 생활을 더 낫게 만들 수 있는지를 말하는 게 아니란다. 여기에서 모든 문제를 다룰 수는 없잖니. 자, 그러니까 결혼으로 맺어지기 전에 매일 우리 주변에서 일어나는 일들을 예로 들어 보자. 어떤 젊은 남녀가 있어. 그들은 사람들 틈에서 서로 눈이 맞아 불꽃이 튀었다."

캐롤라인이 낄낄대고 웃자, 리치가 "쉿! 계속하세요"라고 말했다.

"그들은 곧바로 사랑에 빠지지. 그래서 잠시도 떨어지지 않고, 헤어질 때마다 상대만을 생각하지."

존스는 실감나게 말하면서, 사랑에 빠진 사람을 흉내 내듯 속눈썹까지 부들부들 떨었다.

"그들은 함께 있을 수만 있다면 어떤 짓이라도 할 거고, 종일 키스할 수 있다면 그렇게 할 테지."

어밀리아가 말했다.

"맞아요, 사랑에 빠지면 그래요."

존스가 빙그레 웃으며 말했다.

"그래, 그들은 사랑에 빠진 거란다. 사랑에 깊이 빠져, 상대에게 세상에서 가장 소중한 사람이 되지. 그런데 말이야. 여자는 말을 좋아해서 틈나는 대로 말을 탔고, 승마 잡지를 읽곤 했어. 그리고 언젠가는 말을 키우겠다는 꿈을 키우고 있었지. 하지만 남자는 말 알레르기가 있어 말 근처에도 갈 수 없는 거야. 말을 타고 싶어도 탈 수가 없고 말을 무서워한다고 해. 하지만 여자는 남자를 너무 사랑해서, 혼자서 이렇게 결심해. '나에게는 그이가 말보다 훨씬 소중해. 내 인생에서 말이 꼭 필요한 건 아니야!' 그러고는 남자를 선택한단다. 사랑하니까. 물론 남자도 여자에게 온통 정신이 팔려, 여자를 자기 몸처럼 생각하지. 사랑하니까!"

존스가 '사랑'이란 단어에 유난히 힘을 주며 발음해, 젊은이들은 낄낄댔다.

"그런데 그 남자는 낚시를 좋아해. 어렸을 때부터 아버지와 함께 낚시터에 다녔다지. 하여간 남자는 낚시와 축구가 유일한 취미여서, 낚시를 안 할 때는 축구장으로 달려갔단다."

리치가 말했다.

"그런데 여자는 낚시를 싫어해요, 그렇죠?"

존스가 맞장구쳤다.

"그래, 싫어하는 정도가 아니라 진절머리를 냈단다. '물' 자체를 싫어하는 거지. 그래서 생선은 입에도 안 대."

그리고 존스는 공포에 질린 표정으로 덧붙였다.

"또 축구는 바보들이나 하는 운동이라 생각했다는구나!"

어밀리아가 말했다.

"그럼 둘은 파탄이 나기 시작했겠네요?"

"천만에. 남자도 여자를 너무 사랑해서 문제될 게 하나도 없었단다. 여자를 위해서라면 어떤 일이라도 기꺼이 했으니까. 그 여자와 평생을 함께할 수 있다면 뭐라도 포기할 수 있었어. 그래서 혼자서 '나에게는 낚시보다 그녀가 훨씬 더 소중해. 낚시를 포기하겠어. 그녀가 있는데 꼭 낚시를 해야 할 이유는 없잖아? 축구도 마찬가지야. 물론 좋아하긴 하지만 그녀만큼 나한테 소중한 건 아니야!'라고 마음을 굳히는 거지."

그리고 존스는 두 손을 펴며 말했다.

"그래서 너희가 바라는 대로 됐단다."

리치가 물었다.

"우리가 뭘 바랐는데요? 그들이 어떻게 됐는데요?"

존스가 웃으면서 말했다.

"물론 결혼했지. 그리고 슬프게도 이 이야기는 왜 많은 결혼이 결국 이혼으로 끝나냐는 너희 질문에 대한 대답이기도 해."

젊은이들은 어리둥절한 표정으로 서로 얼굴을 마주 보았다. 어밀리아가 느릿하게 말했다.

"무슨 뜻인지 모르겠어요. 무슨 일이 있었죠? 그들의 결혼이 이혼으로 끝났나요? 우리 모두가 이혼하는 건 아니잖아요? 타협이란 게 있으니까요. 살다 보면 그들처럼 타협이란 걸 하지 않나요? 치약을 끝에서부터 짜는 사람도 있고, 중간부터 짜는 사람도 있듯이 말이에요."

존스가 빙그레 웃으며 어밀리아의 손을 살짝 토닥거렸다. 그리고 흔들의자에서 일어나, 리치에게 의자를 갖고 이쪽으로 오라는 손짓을 했다. 존스는 호수를 등지고 베란다 난간에 기대앉아 세 명의 젊은 친구를 한눈에 보며 말했다.

"치약 짜기처럼 간단한 문제라면 우리가 이렇게 골치를 썩지 않겠지. 그들은 곧 힘든 시기를 맞고, 성욕만이 남게 된단다. 내 말을 오해하지는 말거라. 성욕이 중요하지 않다고 말하는 건 아니니까. 성욕도 무척 중요한 거란다. 하지만 우리는 한 사람에게만 성적 욕망을 느끼는 게 아니야. 내 말이 믿기지 않거든 텔레비전을 보거나, 해변을 걸어 보렴."

존스가 말을 이어 갔다.

"살다 보면 언제쯤인가 둘이 함께할 수 있는 게 있어야 해. 24시간 내내 상대의 성적 매력만 생각할 수는 없는 노릇이니까. 결혼하고 석 달, 아니 3년쯤 지나면 성적 매력은 더 이상 절대적인 게 아니게 되니까. 섹스가 부부의 삶에서 가장 중요한 부분은 아니라는 거지. 그때가 되면 다른 것이 중요해지기 시작해. 그때쯤이면 여자는 '아이고, 내가 말을 안 타고 평생을 살 수 있을까?'라고 생각할 테고, 남자는 '내가 미쳤지! 내가 정말 낚시를 끊을 수 있을까? 앞으로 축구를 안 보고 살 수 있을까?'

라고 생각하게 되는 거지."

캐롤라인과 어밀리아, 리치는 묵묵히 듣고만 있었다. 그제야 그들은 존스의 말을 이해한 듯했다. 그러나 존스 얘기는 점점 비극적인 결말로 치닫고 있었다.

"곧 여자는 같은 회사에서 말을 좋아하는 남자 직원에게 호감을 가졌고, 남자는 축구 경기를 훤히 꿰고 있는 단골 식당 여종업원에게 관심을 갖게 되었어. 누구도 그런 일이 닥치길 원하지 않았지. 하지만 우리는 한 사람에게만 성적으로 욕망을 느끼는 게 아니라는 걸 명심하렴."

어밀리아가 말했다.

"슬픈 결말이네요."

존스가 한숨을 내쉬며 말했다.

"그런 슬픈 일이 매일 반복된단다. 이런 일이 너희에게 일어나서는 안 되겠지."

캐롤라인이 물었다.

"어떻게 해야 이런 비극을 피할 수 있을까요?"

리치가 말했다.

"간단해! 사랑에 빠지지 않도록 조심하면 돼. 특히 평생을 함께하고 싶지 않은 사람과 말이야."

어밀리아가 말했다.

"하지만 그게 그렇게 쉽지 않을 것 같은데. 남자나 여자나 서로 상의 없이 혼자서 타협했다고 존스가 말했잖아. 우리가 때때로 본심을 숨기는 건 사실이야. 만약 내가 좋아하는 남자가 말을 싫어한다고 나한테 솔직하게 말하지 않으면 어떻게 되겠어?"

그들은 다시 존스에게로 눈길을 돌렸다. 존스는 어깨를 으쓱해 보이며 말했다.

"물론 누구나 능숙한 거짓말쟁이가 될 수 있어. 하지만 그런 거짓말을 알아내는 유용한 검색 장치가 있단다. 우리 모두가 그걸 갖고 있지. 그 검색 장치를 이용하면 어떤 이가 평생의 반려자로 적합한지 판단하는 데 도움이 될 거란다."

캐롤라인이 물었다.

"그 검색 장치가 뭔데요?"

"그건 바로 너희 친구들이야! 물론 가족도 같은 역할을 할 수 있지만 친구만큼 확실하지는 않아."

리치가 재촉하고 나섰다.

"좀 자세히 설명해 주세요."

"이상하게도 이 검색 장치는 보통 우리 생각과 정반대 방향으로 작동한다. 리치, 너는 친구가 검색 장치라는 말을 친구들이 네 여자 친구에 대해 평가를 내린다는 의미로 받아들였지?"

리치는 캐롤라인과 어밀리아를 쳐다보았다. 그들도 존스의 말을 그렇게 생각했다는 표정을 지었다.

"예. 그렇게 생각했어요."

"틀렸다! 네가 정말로 관심 있게 지켜보아야 할 것은, 여자 친구가 네 친구들을 좋아하느냐는 거야! 네가 좋은 사람들, 현명한 친구들과 어울리는 것을 적극적으로 찬성해 주고 모임에 함께하도록 독려해 주니? 아니면 반대로 너를 친구들과 떼어 놓으려고 하니? 항상 너와 단 둘이만 있으려고 하면서 말이야."

존스는 젊은이들을 차례로 둘러보고 덧붙여 말했다.

"얘들아, 너희가 명심해야 할 게 있단다. 남자 친구든 여자 친구든 단 둘만 있고 싶어 하면서 너희를 친구나 가족에게서 떼어 놓으려 한다면 잘못된 거야. 이런 행동은 너희가 반드시 눈여겨봐야 할 '큰 잎'이라고 할 수 있지."

어밀리아가 물었다.

"큰 뭐요? 큰 잎요?"

"그래, 잎이란다. 잎은 일종의 지표야. 가령 하늘이 보이지 않는 울창한 숲을 걸을 때도 잎 하나만 보면 주변 나무에 대해 많은 걸 알아낼 수 있잖니. 잎을 살펴보면 어떤 계절인지, 큰 나무인지 작은 나무인지 판단할 수 있고, 나무에 열리는 열매가 먹을 수 있는 건지 아닌지도 알아낼 수 있어. 이렇게 잎 하나만으로 나무에 대해 많은 걸 알아낼 수 있잖니. 마찬가지로 사람들이 흘리는 잎에서도 그 사람에 대해 많은 걸 짐작할 수 있단다. 그 사람과 오랫동안 함께 살아야만 그 사람이 어떤 삶을 사는지 알 수 있는 건 아니야. 그가 무심코 떨어뜨리는 잎으로도 그가 어떤 사람인지 충분히 알 수 있어. 내 말을 믿으렴. 잎이 모든 걸 말해 준단다."

어밀리아가 말했다.

"그게 사실이라면 전 남자 친구와 헤어지는 걸 진지하게 고민해 봐야겠어요."

리치가 말했다.

"하루라도 빠른 게 낫겠죠, 존스?"

존스는 대답하지 않았다.

캐롤라인이 물었다.

"대학에서 만난 남자 친구?"

어밀리아가 시무룩한 얼굴로 *끄*덕였다.

"네 친구들은 그 남자를 좋아해?"

리치가 참견하고 나섰다.

"존스 말을 들었잖아. 그건 중요한 게 아니야. 모르겠어?"

캐롤라인이 끼어들었다.

"나도 알아. 난 그냥……."

어밀리아가 말했다.

"그래, 실은 내 친구들이 그 사람을 정말로 어떻게 생각하는지 모르겠어……."

존스가 입을 뗐다.

"이런 문제에 친구들이 항상 솔직하게 말해 주는 건 아니란다. 우리에게 상처 주지 않으려고 하니까. 하지만 우리가 남자 친구나 여자 친구에게 맹목적으로 끌려서, 부정적인 지적을 흘려듣는 경우도 있어. 그래도 진짜 친구라면 솔직한 생각을 내비칠 거란다. 진짜 친구가 아무리 그렇게 잎을 흘려도, 우리는 바로 앞에 떨어진 잎까지 무시해 버리는 경우가 많지."

캐롤라인이 시무룩하게 말했다.

"정말 어렵네요."

존스가 말했다.

"그렇지 않아, 캐롤라인. 어려운 게 아니라 다른 것이야. 조금만 다르게 생각해 보렴. 그럼 세상이 완전히 달라 보일 게다. 가족과 진짜 친구들은 어떤 이유가 있어서 너희 삶에서 한 부분을 차지하고 있는 거야. 말하자면, 그들을 통하면 너희가 지금 처한 상황을 다른 관점에서 볼 수 있단다. 이 사람들은 너희의 커다란 자산이야. 그들에게 눈과 귀를 기울여 보려무나."

존스가 캐롤라인의 손을 잡고 일으켜 세웠다. 어밀리아도 일어섰다. 리치가 오른손을 존스에게 내밀었다. 이제 존스와 헤어질 시간이 된 것이다.

리치가 존스와 악수를 나누며 말했다.

"하나만 더 여쭤보고 싶어요."

존스가 표정으로 뭐냐고 물었다.

"혹시 에밀리오를 아세요? 잔디를 관리하는 친군데요."

"물론 알고말고."

"왜 에밀리오는 존스를 가르시아라고 부르죠?"

존스는 히죽 웃었다.

"에밀리오는 그렇게 불러야 하지 않을까? 너희에게는 내가 히스패닉으로 보이지 않는구나?"

리치가 말했다.

"그렇긴 해요. 저는 존스가 흑인인 줄 알았어요."

존스가 리치, 캐롤라인, 어밀리아를 차례로 쳐다보며 물었다.

"내가 히스패닉이든 흑인이든 그게 무슨 차이가 있을까?"

"어……. 아니요."

"아니요."

"전혀요."

존스가 환히 웃으며 말했다.

"그럼 됐다."

그리고 존스는 베란다에서 내려가, 주차장 쪽으로 천천히 걸어갔다.

네 번째 관점

당신은 아직 물러날 때가 아니다

존스가 고개를 끄덕이며 말했다.
"삶에서 가장 중요한 부분을
아직 살지 않았다면 그게
희망의 증거가 아니고 뭐겠어요."

분홍색과 보라색 진달래꽃이 만발해 산딸기나무와 박태기나무까지 뒤덮어 버렸다. 꽃이 어찌나 풍성한지 아래쪽에서 새로 파릇파릇 돋아난 초록 잎은 보이지도 않았다. 일흔여섯 번째 봄을 맞은 윌로 캘러웨이는 한참이나 진달래꽃을 지켜보다가, 현관을 천천히 걸어 나와 마당을 가로질러 길로 나갔다. 그리고 연이어 달려오는 자동차 행렬이 잠시 끊어지길 기다렸다. 윌로는 오렌지비치의 크게 굽은 도로에서 서쪽으로 1.5킬로미터 정도 떨어진 운하길에서 살았다. 운하길의 공식 명칭은 180번 도로였지만, 관광객들만이 그렇게 부를 뿐이다.

　윌로는 차가 끊어지길 기다리며, 그 도로가 소박한 흙길이던 때를 그리워했다. 이제는 쏜살같이 달리는 자동차들과 그것들이 내뿜는 시커먼 배기가스를 참아야 했다. 윌로는 시끄럽게 떠들며 과거의 생활 방식을 무시하는 사람들을 이해할 수 없었다. 저녁 이맘때 아이들을 데리고 집에서 나와, 운하 둑에서 놀던 옛일을 떠올렸다. 그때는 유람선에 탄 사람들에게 손을 흔들며, 그들이 가는 곳이 어딘지 알아맞히는 놀이를 하곤 했었다. 이제는 유람선은 물론이고 예인선에도 에어컨이 설치돼 누구도 밖에 나와 손을 흔들지 않았다. 그러나 윌로는 지금도 운하 둑에 앉아, 지나가는 배들을 우두커니 지켜보곤 했다.

윌로는 종종걸음으로 도로를 건너, 가까이 있는 벤치로 걸어 갔다. 그 주변이 공원은 아니었다. 가로등도 없었고 쓰레기통도 없었다. 물고기를 씻는 곳도 아니었고, 수도꼭지도 없었다. 무엇이 허락되고 무엇이 허락되지 않는지 써 놓은 경고판도 없었다. 그저 비슷하게 생긴 벤치 두 개만이 1.5평방미터도 되지 않는 조그만 나루터에 나란히 놓여 있었다. 수십 년 전에 남편이 만든 벤치였고 나루터였다.

그 조그만 나루터가 운하 둑에 당당하게 완성됐을 쯤에는 아이들이 이미 떠난 뒤였다. 집에는 윌로와, 그녀가 열여섯 살에 결혼한 남편 바비 그레이만이 덩그러니 남았다. 그들은 때로는 이 벤치, 어떨 때는 저 벤치에 앉아 수많은 저녁을 함께 보냈다. 달콤한 아이스 티를 큼직한 잔에 담아 마시면서, 찰랑거리는 물결을 지켜보았고 이런저런 얘기를 나누었다. 그렇게 평온한 세계에서 하느님을 느끼며 서로 사랑을 나누었다. 남편이 세상을 떠날 때까지는.

윌로의 큰 아들 토미는 댈러스에 살았다. 토미도 자식을 두고, 어느덧 손자까지 둔 나이가 됐다. 쌍둥이인 레이와 마사는 새러소타에서 단란한 가정을 꾸리고 있다. 그러나 막내 브래드는 이 세상 사람이 아니었다. 윌로는 자식을 먼저 떠나보냈다는 현실을 받아들여야 했다. 브래드는 세상을 떠날 때 겨우 마흔일 곱 살이었다. 윌로에게 브래드는 언제나 어린애였다. 브래드가 어엿한 성인이 된 후에도 윌로에게는 맨발로 뛰놀고 덩굴을 헤집고 다니는 귀여운 아이로만 보였다. 가벼운 농담에도 해맑게 웃고, 어느 해 크리스마스에는 아기 예수가 마구간에서 태어나야 했다는 얘기를 듣고선 눈물을 펑펑 흘리던 어린아이……

윌로는 남부끄럽지 않은 삶을 살았다고 자부했고, 지금까지 이루어 낸 일이 자랑스러웠다. 그러나 그녀의 시대는 끝났고, 이제 떠날 때가 됐다고 생각했다. 몇 달 전, 누군가 그녀의 현관문에 화환을 걸어놓고 잊어버린 듯한 일이 있었다. 윌로는 그 화환을 자신의 손으로 치우고 싶지는 않아 그대로 놓아두었다. 떠날 때가 됐다고 생각은 했지만, 그녀의 마음 한구석에는 건드리기 어려운 그 화환처럼 꺼림칙한 뭔가가 있었다.

"아이쿠, 미안해요!"

윌로는 그녀의 나루터에 어떤 노인이 앉아 있는 걸 그때서야 알아차리고는 깜짝 놀라 소리쳤다. 그곳은 그녀만의 나루터였다. 오렌지비치 시장도 어떤 신문 기사에서 그렇게 인정했을 정도였다. 그녀의 남편이 나루터를 지었다는 걸 동네에서 모르는 사람이 없었고, 나루터는 그녀의 집 바로 맞은편에 있었다. 어떤 자동차도 그곳에서 멈추지 않았고, 월로를 제외하곤 누구도 그 나루터를 이용하지 않았다. 시청에서는 그녀 대신 주변 잔디를 깎아 주었고, 공식 명칭도 '월로 캘러웨이 나루터'로 정했다.

월로는 화사한 진달래꽃에 흠뻑 빠져, 다른 사람이 있으리라곤 생각지도 않았기 때문에 노인을 보고 무척 놀랐다. 노인은 일어나 빙그레 웃으며 말했다.

"정말 아름다운 저녁입니다. 경치도 딱 어울리고요!"

그리고 노인은 정중히 허리를 굽혀 인사를 건네며 덧붙여 말했다.

"캘러웨이 부인, 앉으세요. 혼자 있고 싶으시면 가겠습니다. 하지만 잠시 얘기를 나누고 싶군요. 물론 허락하시면요."

"괜찮습니다. 그런데 아무래도 내가 손해인 것 같군요, 당신은 내가 누군지 알지만 나는 당신이 누군지 모르니까요."

노인은 다시 정중히 허리를 굽혔고, 이번에는 손까지 내밀며 악수를 청했다.

"죄송합니다. 부인이야 이 동네에서 워낙에 유명하시지만 저는 그냥 이야기하는 사람이거든요. 그저 맨손으로 여행하는 흔한 떠돌이 영감입니다. 이름은 존스라고 합니다. 괜찮으시면 존스 씨라고 하지 말고 그냥 존스라고 불러 주십시오."

윌로는 빙그레 웃으며 손을 내밀어 존스와 악수를 나누었다. 그리고 점잖은 노인의 부축을 받아 벤치에 앉았다. 존스가 벤치를 가리키며 물었다.

"옆에 앉아도 되겠습니까?"

윌로가 상냥하게 대답했다.

"물론이죠. 앉으세요."

그들은 조그만 벤치에 나란히 앉았다. 윌로는 다리를 발목쯤에서 꼬고, 두 손은 포개 무릎 위에 살며시 올려놓았다. 존스는 여행 가방을 발밑에 내려놓았다. 존스가 벤치를 어루만지며 말했다.

"대단한 솜씨입니다. 요즘에는 이렇게 정성 들여 만든 것을 보기 힘들지요. 고인이 되신 부인 남편 분께서 이 멋진 벤치를 만들었다는 얘기를 들었습니다."

윌로는 자부심에 환히 미소를 지었다.

"맞습니다. 내 남편 바비 그레이가 1969년에 만들었지요. 나무못만 사용해서요. 철못은 하나도 사용하지 않았습니다. 보면 아실 겁니다."

존스가 이음매를 만지작거리며 대답했다.

"예, 봤습니다. 정말 아름다운 벤칩니다."

윌로가 물었다.

"그런데 당신은 이 동네 사람이 아닌 것 같은데요?"

"그렇습니다. 이 동네 사람은 아닙니다. 하지만 몇 해 전부터 근처에 살아서 이 동네를 잘 압니다. 여기 사람들을 사랑하고요. 이 벤치도 가끔 감상했지요."

윌로가 따뜻한 미소를 지어 보였다.

"이곳에 오신 걸 환영해요. 그런데 존스, 거짓말하는 건 아니겠죠?"

"물론입니다. 그리고 환영해 주셔서 감사합니다."

윌로가 오른쪽으로 물 쪽을 가리키며 물었다.

"저 큰 바위가 보여요?"

"예, 보입니다."

"지금은 썰물 때여서 보일 거예요. 다른 때는 물 속에 잠겨 있습니다. 저 바위 1.5미터 높이쯤에 큰 구멍이 하나 있지요. 물이 그리 깊게 고여 있지도 않아요. 하지만 물살이 셀 때는 홍민어가 그 안에 바글거립니다. 제 아들 녀석들은 그 구멍 안에서 밥을 먹기도 했지요. 지금은 아무도 거기에 그런 구멍이 있는 줄 몰라요. 매일 그 옆으로 많은 배들이 지나가는데도 말이에요. 하지만 제 눈에는 지금도 홍민어가 꼬리를 치켜들고 게와

새우를 잡아먹으려고 구멍 밑바닥을 뒤적이는 모습이 훤히 보입니다. 배들은 그냥 지나가지만요……."

"자식들은 다 성장해 떠났겠군요. 가끔 찾아오기는 합니까?"

윌로는 의외의 질문을 받은 것처럼 고개를 돌리며 말했다.

"틈나는 대로 오려고 애쓰긴 하죠. 하지만 크게 바라지는 않습니다. 제 큰 아들이 손자까지 봤다는 건 아세요? 제가 그렇게까지 늙은 줄은 몰랐습니다. 언제 이렇게 늙었는지 모르겠어요. 아마 브래드가 떠나고 난 뒤 더 그런 것 같아요. 브래드는 내 아기였지요. 정말로 아기는 아니고요, 살아 있다면 거의 쉰 살은 됐겠네요. 하지만……."

두 노인은 한동안 묵묵히 앉아 있었다. 잠시 후, 윌로가 먼저 침묵을 깼다.

"남편이 죽었을 때는 별로 힘들지 않았어요. 하지만 자식을 먼저 저세상으로 보낼 때는…… 정말 견디기 힘들었지요."

윌로의 입술이 파르르 떨렸고, 목소리까지 갈라졌다.

"이제 전 아무짝에도 쓸모없는 늙은이가 되고 말았습니다. 어쩌다 이렇게 늙어 버렸을까요?"

윌로는 턱을 치켜들며 코를 크게 훌쩍거렸다.

"미안해요. 내가 그만……. 나를 주책 없는 늙은이라 생각하겠죠?"

존스가 온화하게 말했다.

"아닙니다. 그렇지 않아요. 절대 그렇게 생각하지 않아요. '잘 못'되긴 했지만 주책 없는 늙은이까지는 아니었습니다."

윌로는 고개를 홱 돌렸다. 방금 말을 제대로 들은 건지 귀가 의심스러웠다.

"뭐라고요?"

존스가 빙그레 웃으며 조심스레 말했다.

"부인, 저는 부인을 주책 없는 늙은이라고는 눈곱만큼도 생각지 않습니다. 게다가 아무짝에도 쓸모없는 늙은이가 되고 말았다는 터무니없는 말에도 조금도 동의하지 않습니다. 오히려 반박하고 싶군요."

윌로가 다시 물 쪽으로 시선을 돌리며 말했다.

"그렇게 말해 주니 기분은 좋군요."

"하지만 제 말을 믿지 않으시죠?"

윌로는 마음 같아선 벌떡 일어나 뒤도 돌아보지 않고 가 버리거나 아니면 남의 일에 참견하지 말라고 쏘아붙이고 싶었다. 그러나 윌로는 그렇게 하기엔 너무 점잖았다. 생전 처음 보는 사람이 자신이 신중하게 내린 결론을 반박하고, 심지어 윽박지르기까지 하다니 기가 막혔다. 윌로는 당황했지만 차분하게 말했다.

"나는 아직 할 일이 많은 사람들에게 걸림돌이나 되지 않고 조용히 살다 가고 싶은 노파일 뿐이에요."

존스는 두 팔을 높이 치켜들고 하늘을 쳐다보며 말했다.

"오! 하느님, 이 늙은 여인이 이 벤치에서, 내 옆에 앉아 죽지 않도록 굽어 살피소서!"

존스는 그 자세를 유지한 채 옆눈으로 윌로를 힐끔 훔쳐보았다. 윌로가 나지막이 말했다.

"장난치지 마세요."

존스는 장난스레 웃으며 말했다.

"부인은 항상 진지하시군요. 제가 보기에 부인은 별로 늙지 않았습니다. 부인 생각엔 제가 몇 살인 것 같습니까?"

윌로가 존스를 바라보았다.

"잘 보세요. 제가 몇 살로 보이세요?"

윌로가 대답했다.

"모르겠어요."

존스가 쾌활한 목소리로 말했다.

"아이구, 맞혔습니다. 저도 제가 몇 살인지 모르거든요!"

두 노인은 깔깔대고 웃었고, 존스가 덧붙여 말했다.

"서른아홉 번째 생일을 쉰 번 맞은 후부터는 나이 세는 걸 포기했습니다."

윌로가 고개를 저으며 물었다.

"정말 모르세요?"

"20년쯤 후엔 알게 될지도 모르지요. 하지만 나이가 그렇게 중요한가요? 왜 우리가 숫자에 지배당해야 하지요? 아가씨, 제 진짜 나이를 생각하면 부인은 아가씨로 보이거든요. 대체 누가 아가씨한테 자신은 이제는 할 일도 없고, 아무것도 줄 게 없는 쓸모없는 노파가 됐다고 결정할 권리를 주었지요?"

"솔직하게 생각한 것일 뿐이에요. 바비도 세상을 떠났고, 자식들도 독립해 살고 있으니……."

윌로는 말꼬리를 흐렸다. 하지만 곧 확신에 찬 목소리로 말했다.

"이제 할 일이라곤 카드놀이밖에 없어요. 늙으면 젊은 사람들에게 길을 양보해야 도리 아닐까요? 내 시대는 이제 끝났다고요."

존스가 두 손으로 무릎을 탁 치며 소리쳤다.

"저런! 세상 사람 모두가 그렇게 생각하지 않아서 천만다행이군요! 만약 그렇다면 세상이 지금만치도 못 했을 테니까요."

윌로는 웃지 않으려고 애쓰면서 말했다.

"존스 씨, 농담하지 마세요."

"농담처럼 들리겠지만 농담하는 게 아닙니다. 아참, 그냥 존 스라고 불러요. 그리고 아가씨 시대가 끝났다고 했는데 다른 관점에서 생각해 볼까요? 커넬 샌더스가 예순다섯에 은퇴하지 않아서 무슨 큰일이라도 생겼나요?"

윌로는 커넬 샌더스가 누구인지 몰랐다.

"커넬 샌더스요?"

"샌더스 대령이라고 말하면 알지도 모르겠군요. 여하튼 커넬 샌더스는 예순다섯에 집안에 내려오는 닭튀김 비법으로 프랜차이즈 사업을 시작했습니다. 한 달에 150달러에 불과한 사회보장 연금을 받기 시작할 나이였는데 말이죠."

"그건 몰랐어요. 정말 예순다섯에 시작했나요? 젊은 사람도 힘들었을 텐데."

존스는 빙그레 웃으며 말했다.

"그렇게 생각하실 줄 알았습니다. 벤저민 프랭클린은 어땠는데요. 프랭클린이 이중 초점 렌즈를 발명한 때가 일흔여덟 살이었습니다. 윈스턴 처칠도 일흔여덟에 공직 활동을 하면서 책을 썼고, 그 책으로 노벨 문학상을 받았습니다. 예를 더 들어 볼까요?"

존스는 숨 돌릴 틈도 없이 계속 말했다.

"넬슨 만델라는 오랜 수감 생활 후 석방되어 나오면서 일흔 다섯에 남아프리카 공화국의 대통령에 취임했습니다. 이고르 스트라빈스키는 여든일곱 살에도 연주회를 열었습니다. 또 화가인 그랜드마 모제스는 아흔 살에야 첫 작품을 팔았습니다. 미켈란젤로는 일흔둘에 베드로 성당의 천장화를 그리기 시작해서 세계적인 보물을 창조했죠."

윌로 부인이 손을 휙 내저으며 소리쳤다.

"그만하세요! 대체 언제까지 계속하실 거예요?"

"아가씨는 지금 몇 살이지요?"

"그래요, 무슨 말을 하려는 건지 알겠어요. 물론 내게 많은 시간이 남았겠죠."

윌로는 갑자기 얼굴을 찡그리며 덧붙였다.

"다만……"

"다만 뭡니까?"

"다만 외롭고 무서울 뿐이에요. 혼자된 지 꽤 됐어요. 그래서 더는 일을 벌이지 않으려고 애쓰지만…… 지금은 제 삶에서 최악의 시기예요."

존스가 물었다.

"그럼 제가 지금보다 나아질 수 있다는 걸 논리적으로 증명해 볼까요?"

윌로가 피식 웃으며 빈정대듯 말했다.

"제발 장난치지 마세요. 그런 증거가 정말 있다고요?"

존스가 진지하게 말했다.

"물론 있습니다. 삶에는 많은 보물들이 감춰져 있죠. 우리가 그 보물들을 찾으려고 애쓰지 않으니까요. 당연히 가져야 할 의문조차 제기하지 않기 때문에 문제가 닥쳐도 해결책을 찾지 못하는 겁니다. 그저 두려움에 짓눌리고 후회하며 살 뿐이지요. 희망을 갖는 건 무모하다고 생각하면서요. 하지만 찾고자 한다면 '희망의 증거'는 얼마든지 있습니다. 우주의 법칙이죠. 단지 우리가 모르고 있을 뿐입니다."

윌로가 조금은 차분해졌다.

"알겠어요. 말씀해 보세요."

존스가 자신의 쭈글쭈글 주름진 손을 내려다보며 얘기를 시작했다.

"힘든 시기에도 시련이 우리 삶의 지극히 정상적인 일부분이라고 생각하는 게 중요합니다. 우리 삶은 워낙 오르락내리락하지 않습니까. 그러니 힘든 시기가 닥쳐도 당황하고 놀랄 것은 없습니다. 누구나 위기를 맞고, 위기를 벗어나면 또 위기를 맞으니까요. 위기는 우리 삶의 일부입니다."

존스는 갑자기 말을 멈추고, 윌로를 쳐다보며 말했다.

"심호흡을 하세요."

"뭐라고요?"

"자, 크게 심호흡해 보세요."

윌로의 어깨가 쭉 올라갔다가 내려왔다. 윌로가 숨을 내쉬는 걸 보고 존스가 물었다.

"기분이 어떻습니까?"

"글쎄요. 공기가 맑네요."

"아니, 그런 거 말고요. 가장 기본적인 대답을 찾아 보세요. 우리가 숨 쉴 수 있는 이유가 뭐죠?"

"살아 있어서요?"

존스가 손뼉을 치면서 말했다.

"바로 그겁니다! 살아 있어서 숨 쉴 수 있는 겁니다. 그럼, 아가씨가 숨 쉴 수 있다는 사실에서 확실히 알 수 있는 게 뭘까요?"

윌로가 이번에는 약간 자신 있게 대답했다.

"제가 살아 있다는 거요?"

"그렇습니다. 이걸 아셔야 가장 단순하고도 중요한 진리를 깨달을 수 있습니다. 숨 쉬는 건 누구도 반론을 제기할 수 없는 확실한 사실입니다. 아가씨가 인생에서 최악의 시기라는 이 순간에도 제가 희망의 증거가 있다고 말한 이유가 이 때문입니다. 나이, 건강, 경제 상황, 피부색, 성별, 감정, 종교 등에 상관없이 희망의 증거는 똑같습니다. 이제부터 제 말을 잘 들어 보세요."

존스는 계속 말했다.

"우리가 숨 쉬는 한 우리는 살아 있는 겁니다. 살아 있다면 물리적으로 지구에 있다는 뜻이지요. 또 우리가 이 땅에 있는 것은 해야 할 일을 끝내지 못했다는 뜻입니다. 이 땅에서 해야 할 일을 끝내지 못했다면…… 우리의 '목표'가 아직 성취되지 않았다는 것이죠. 그건 '우리 삶에서 가장 중요한 부분'을 아직 살지 않았다는 말이고요. 우리 삶에서 가장 중요한 부분을 아직 살지 않았다면……."

존스는 말을 멈추고, 윌로가 결론을 내려 주길 기다렸다.

윌로가 천천히 말했다.

"그게 희망의 증거군요."

존스가 고개를 끄덕이며 말했다.

"그렇습니다. 우리가 삶에서 가장 중요한 부분을 아직 살지 않았다면, 비록 지금 최악의 시기를 맞았더라도 앞으로는 더 크게 웃을 수 있다고 확신할 수 있지요. 뿐만 아니라 더 큰 성공을 기대할 수 있고, 더 많은 아이들을 가르치고 도우며, 더 많은 친구를 만나 좋은 길로 인도할 수 있다고 믿을 수 있는 겁니다. 이게 희망의 증거가 아니고 뭐겠어요."

그들은 깊은 침묵에 빠져들었다. 잠시 후, 윌로가 조용히 물었다.

"어디에서 어떻게 시작해야 좋을까요? 존스, 나를 오해하진 마세요. 내가 비록 늙었지만 꽉 막힌 고집쟁이는 아니니까요."

윌로는 수줍은 미소를 흘리며 덧붙였다.

"자신감이 생기고 흥분돼요. 물론 대단한 일은 아니겠지만 뭔가를 해내고 싶어요. 내가 작은 변화를 일으킬 수 있다는 걸 안 것만으로도 기뻐요."

존스는 입을 꼭 다물고 윌로를 뚫어지게 쳐다보며 물었다.

"제가 아가씨에게 하루에 두 번씩이나 틀렸다고 한다면 어떻게 하실 건가요?"

윌로는 놀라서 눈을 크게 떴다. 그리고 조심스레 물었다.

"제가 무슨 말을 잘못했나요?"

존스는 숨을 깊게 들이마시고 일부러 큰 소리로 대답했다.

"예! '작은' 변화라는 부분요."

"그게 뭐가 잘못됐나요? 나는 '작은' 변화밖에 이룰 수 없는데요!"

존스가 고개를 저으며 말했다.

"나는 '작은' 변화를 이룬 사람은 지금까지 한 명도 못 봤습니다. 그게 가능하다고 생각지 않고요. 누구든 큰 변화를 이루어 낼 수 있도록 노력해야 합니다."

윌로가 고개를 갸우뚱하며 말했다.

"계속 말씀해 보세요."

"사람들은 대부분 자신이 어떤 변화를 이루어 내는지도 모르고, 자기 행동이 작은 영향밖에 못 준다고 생각하죠. 하지만 어떤 행동이든 엄청난 파급 효과를 불러옵니다. 아까 제가 말년에 가서야 위대한 업적을 이루어 낸 사람들을 얘기했죠? 혹시 노먼 볼로그란 사람을 아십니까?"

윌로가 고개를 저었다.

"노먼 볼로그가 20억 명의 목숨을 구하는 데 큰 공헌을 했다고 인정받은 때가 아흔한 살이었습니다."

윌로가 놀라 소리쳤다.

"20억 명요? 어떻게 그게 가능해요?"

"노먼 볼로그는 척박한 환경에서 옥수수와 밀을 이종교배한 농학자였습니다. 노벨 위원회와 풀브라이트 재단 등 많은 전문가들이 중남미, 서아프리카, 유럽, 아시아, 시베리아, 미국 남서 사막 등 전 세계를 조사한 후, 볼로그가 이룬 업적으로 20억 명이 굶주림에서 벗어났다는 결과를 발표했죠. 그 수는 매일 늘어나고 있습니다."

"엄청나네요."

"그렇습니다. 하지만 이 얘기에서 가장 믿기지 않는 부분은 볼로그가 온갖 찬사를 받았지만……."

존스는 말을 멈추고, 엿듣는 사람이 있는지 확인하려는 듯 주변을 둘러보고 나서야 입을 뗐다.

"볼로그가 온갖 찬사를 받았지만 20억 명을 실제로 구한 사람은 사실 볼로그가 아니었다는 겁니다."

"뭐라고요?"

"그렇습니다. 저는 20억 명을 실제로 구한 사람은 헨리 월리스라고 생각합니다. 루스벨트 대통령 시절에 부통령을 지낸 사람이지요."

윌로가 미심쩍은 표정으로 물었다.

"트루먼이 루스벨트의 부통령이지 않았나요?"

"맞습니다. 하지만 루스벨트는 대통령을 네 번이나 했습니다. 처음 두 임기에는 존 낸스 가너가 부통령이었고, 네 번째 임기에는 트루먼이 부통령이었습니다. 하지만 세 번째 임기에는 농림부 장관을 지냈던 헨리 월리스가 부통령이었습니다. 월리스는 부통령으로 재직 시절, 부통령 권한을 최대한 동원해 척박한 기후에서 옥수수와 밀을 이종교배하는 방법을 알아낼 연구소를 멕시코에 세웠습니다. 그리고 노먼 볼로그라는 젊은 학자에게 연구소의 운영을 맡겼습니다. 그 결과 노먼 볼로그는 노벨상을 받았지만, 사실 20억의 인명을 구한 연구의 첫 삽을 뜬 사람은 헨리 월리스라 할 수 있습니다."

"몰랐습니다. 그런 사람이 있었는지도 몰랐어요."

"상관없습니다. 그런데 더 깊이 살펴보면, 찬사를 받아야 할 사람은 헨리 월리스도 아니었습니다."

월로가 깜짝 놀라며 말했다.

"그건 또 무슨 말이세요?"

존스는 깊은 생각에 잠긴듯 고개를 숙이고 턱을 어루만졌다.

"20억 명을 구한 사람은 어쩌면 조지 워싱턴 카버였을지도 몰라요."

존스가 말을 마치고는 문득 고개를 번쩍 치켜들며 물었다.

"혹시 그 사람을 아세요?"

윌로가 지체없이 대답했다.

"그럼요. 그 유명한 '땅콩 박사' 카버 말씀하시는 거잖아요. 하지만 카버는……"

"조지 워싱턴 카버에 대해 거의 알려지지 않은 사실이 있습니다. 그가 아이오와 주립대학을 다니던 때였습니다. 당시 열아홉 살이던 카버는 주말이면 낙농학 교수의 어린 아들을 데리고 식물 채집을 다녔습니다. 카버는 여섯 살에 불과하던 그 어린애를 데리고 다니며 이런저런 이야기를 해 주었고, 식물로 어떻게 인류를 구할 수 있는지 가르쳐 줬습니다. 카버가 데리고 다니고 다닌 아이가 바로 훗날 부통령이 된 헨리 월리스였습니다."

존스는 고개를 설레설레 저으며 덧붙여 말했다.

"카버는 땅콩에서 266가지의 가공식품을 개발했습니다. 지금도 우리는 그 식품들을 애용하잖아요. 그뿐만이 아니지요. 카버는 고구마에서도 88가지의 가공식품을 개발했습니다."

존스는 무릎에 손을 얹고 허리를 숙이며 계속 말했다.

"카버는 '가정 채소밭'의 필요성을 주장한 논문을 쓰기도 했습니다."

윌로가 빙그레 웃으며 말했다.

"가정 채소밭은 기억나요. 우리 집에도 있었으니까요."

"그랬지요. 대부분의 가정에 있었습니다. 대도시 한복판에도 있었습니다. 집마다 채소밭을 가꾸는 가정 채소밭은 제2차 세계대전 중에 미국인들에게 중요한 식량 공급처가 되어 주었습니다. 카버가 땅콩과 고구마, 또 가정 채소밭 등에 오랜 시간과 정성을 투자했지만, 결국은 여섯 살 꼬마 헨리 월리스와 보낸 잠깐의 오후 시간이 20억 명을 구하는 엄청난 변화를 가져온 셈이죠. 정말 놀랍지 않습니까?"

월로가 떨리는 목소리로 대답했다.

"맞아요. 그 많은 사람의 목숨을 구한 사람은 조지 워싱턴 카버였네요."

그런데 존스가 다시 고개를 저으며 말했다.

"아! 그런데 사실 카버도 아닙니다."

"뭐라고요?"

"미주리주의 다이아몬드 마을의 어떤 농부여야 합니다."

월로가 졌다는 듯 두 손을 들어 보이자 존스가 웃으며 계속 말했다.

"미주리주의 다이아몬드 마을에 모세스라는 농부가 있었습니다. 그의 아내는 수전이었고요. 그들은 노예 제도가 합법이었던 주에서 살았지만, 노예 제도를 반대했습니다. 그런데 밤마다 농장들을 돌아다니면서, 노예 제도를 반대하는 사람들을 위협하고 공격하는 미치광이들이 있었습니다. 어느 추운 겨울날, 한 게릴라 부대가 모세스와 수전의 농장을 공격했습니다. 헛간은 불탔고, 여러 사람이 죽었습니다. 그리고 갓난아이를 품고 있던 메리 워싱턴이란 여자를 끌고 갔습니다. 메리 워싱턴은 수전의 가장 친한 친구였습니다. 그래서 모세스는 메리와 갓난아이를 구하려고 백방으로 뛰어다니며, 그 살인자들과 만나려고 애썼죠. 마침내 며칠 후, 그들에게서 만나자는 연락을 받았습니다."

존스는 말을 계속 이었다.

"1월의 어느 날 밤, 모세스는 검은 말을 끌고 북쪽으로 서너 시간을 올라갔습니다. 그리고 캔자스에 있는 어떤 교차로에서 게릴라 부대원 넷을 만났습니다. 그들은 말을 타고 왔고, 손에 횃불을 들고 있었습니다. 또 눈구멍만 내놓은 밀가루 자루를 얼굴에 뒤집어쓰고 있었죠. 모세스가 검은 말을 내주자, 그들은 삼베 자루 하나를 던져 놓고는 바람같이 떠나 버렸습니다. 모세스는 삼베 자루로 달려갔습니다. 모든 것이 얼어붙은 추운 겨울밤, 하얀 입김을 내뿜으며 삼베 자루에서 발가벗은 아이를 꺼냈습니다. 아이는 몸이 꽁꽁 얼어붙어 거의 죽어 가고 있었습니다. 모세스는 재빨리 외투와 셔츠까지 열어젖히고, 아이를 바싹 끌어안았습니다. 그리고 한걸음을 뗄 때마다 아이에게 다짐했습니다. 내 아들처럼 돌보고 키우겠다고요. 이미 죽은 게 틀림없을 아이 엄마 메리를 위해서라도 이 아이에게 교육을 시키겠다고 약속했습니다."

윌로는 감동에 젖은 눈빛으로 존스를 물끄러미 쳐다보았다. 존스는 나지막한 목소리로 계속해서 말했다.

"그날 밤, 모세스는 아기에게 자기의 성을 물려주겠다고 말했지요. 그렇게 모세스와 수전 카버가 그 갓난아이, 조지 워싱턴 카버를 키우게 된 겁니다. 따라서 20억 명의 목숨을 구한 사람은 미주리주의 다이아몬드 마을에 살던 농부 부부라고 할 수 있습니다."

그들은 잠시 말없이 앉아 있었다. 존스가 문득 어떤 생각이 떠오른 것처럼 손가락 하나를 세웠다. 그리고 약간 장난스런 말투로 "그런데 만약" 하고 말했다가 윌로 눈에 맺힌 눈물을 보고는 목소리를 바꿔 말했다.

"이런 얘기는 밤새 계속할 수 있을 겁니다. 20억 명의 목숨을 구한 사람이 실제로 누구인지는 아무도 몰라요. 이렇게 한없이 거슬러 올라갈 수 있을 테니까요."

존스는 윌로의 손을 살며시 잡으며 말했다.

"이런 식으로 미래를 생각하면 부인도 수많은 사람에게 영향을 줄 수 있을 겁니다. 오늘밤, 내일, 모레……. 부인의 행동이 아직 태어나지 않은 세대의 삶까지 바꿔 놓을 수도 있어요. 나이, 건강, 경제 상황, 피부색, 성별, 감정이나 종교 같은 것들이 중요하지 않아요. 부인이 하는 행동과 결정 하나하나가 우리 모두에게 중요합니다. 그것들이 우리 삶에 영원히 영향을 줄 테니까요."

윌로가 조용히 대답했다.

"고마워요. 정말 고맙습니다."

존스가 벤치에서 일어서며 말했다.

"저도 감사합니다. 이렇게 아름다운 곳에서 잠깐이라도 시간을 보낼 기회를 주셔서요."

존스는 서쪽 운하 쪽으로 천천히 걸어가며 덧붙였다.

"하지만 여기에 너무 오래 있지는 마세요."

그의 모습이 땅거미 속으로 사라지고 있었다. 하지만 멀리서 그의 목소리가 들려왔다.

"시간은 소중한 겁니다. 부인에겐 아직 해야 할 일이 많아요."

사소한 것이 성공의 큰 그림을 완성한다

"우리는 남들에 대해서는
행동으로 판단하면서, 정작 우리
자신은 의도만으로 판단하는
습관이 있지."

아들 녀석들이 내 무릎 위로 기어 올라왔다. 여섯 살 큰 아이가 먼저 말했다.

"저는 존스 씨가 정말 좋아요!"

내가 말했다.

"그럼, 정말 좋은 분이지."

존스가 우리 집에서 저녁 시간을 보내고 조금 전에 떠난 터였다. 언제나처럼 존스는 자고 가라는 초대를 정중히 거절했다.

네 살인 막내가 말했다.

"나는요, 존스 씨를 사랑해요."

"아빠도 그분을 사랑해. 그런데 너희는 그분을 존스라고 불렀니, 존스 씨라고 불렀니?"

두 녀석이 점잖게 대답했다.

"존스 씨요."

그리고 큰 녀석이 덧붙였다.

"우리에게 그냥 존스라고 불러도 괜찮다고 했지만, 우리가 어른을 그냥 이름으로 부르면 아빠한테 꾸지람을 들을 거라고 제가 말했어요."

나는 아이들에게 물었다.

"그랬더니 뭐라시든?"

막내가 대답했다.

"그냥 웃었어요. 그러곤 우리들 머리를 박치기 시켰어요. 아주 살짝. 아프지 않았어요."

우리 가족이 마침내 존스를 만났다. 존스가 마을에 다시 돌아온 지 6주 만이었고, 사실 나는 존스와 단 둘만의 시간을 갖는 것을 조금씩 단념하고 있었다. 서너 잔의 커피가 나에게 허락된 유일한 시간이었다. 그것도 언제나 예상치 못하게 이루어졌다. 이런 상황에서 우리 가족과 존스를 만나게 해 준 것은 뜻밖에도 나무집이었다.

그날 아침 나는 가장 먼저 일어나 있었다. 사무실에 잠깐 다녀오려고 부엌문을 나서는데 발걸음을 멈출 수밖에 없었다. 눈앞의 장면이 믿기지 않아 눈을 비비고 또 비볐다. 우리 집 옆에 있는 종려나무 위에 나무집이 지어져 있었던 것이다. 전날 오후까지도 분명히 없던 것이었다.

나는 나무집을 보고 정신이 어리벙벙했다. 흔히 보던 나무집이 아니었다. 그야말로 영화 〈로빈스 가족〉에 보았던 나무집과 똑같았다. 어렸을 때 집 근처에 있던 떡갈나무 가지에 합판을 대충 못질해 바닥만 만들었던 나무집과는 완전히 달랐다. 못을 어디에도 사용하지 않은 듯했다. 대나무와 노끈을 촘촘하게 엮어 골격을 만들고 초가지붕을 얹은 나무집으로 아이들이 꿈에서나 그릴 그런 집이었다.

존스가 나무집의 문에서 얼굴을 불쑥 내밀었다. 내가 멍하니 서 있는 걸 보고 존스는 환하게 웃었고, 나무집으로 이어진 사다리를 가리키며 말했다.

"올라오게. 그런데 애들이 좋아할까?"

내가 멍청하게 물었다.

"누구요?"

"자네 아이들! 걔들이 좋아할까?"

나는 작은 문으로 들어서며 말했다.

"당연하죠! 좋아서 펄쩍펄쩍 뛸 겁니다. 그런데 어떻게 이런 걸 만드셨습니까? 언제 만드셨어요?"

존스가 껄껄대고 웃었다.

"나야 시간이 많으니까. 클레어와 스콧에게 도움을 좀 받았고 자재는 아마줄루닷컴에서 구입했어. 자네도 인터넷이란 건 들어 봤겠지?"

내가 짐짓 화난 것처럼 노려보자 존스가 정신없이 웃어댔다. 그러다 나무집에서 떨어질 것만 같았다. 존스는 곧 차분한 자세로 돌아와 말했다.

"앤디, 기억해 두게. 우리는 원하는 일이면 뭐든 할 수 있네. 꼭 하고 싶은 일이면 어떤 일이라도 해낼 수 있네. 돈 걱정은 하지 말게. 나이도 한낱 숫자에 불과할 뿐, 우리 적이 아니야. 우리가 큰일을 하고 싶어도 하지 못하는 이유는 생각이 부족한 탓이지, 다른 이유는 없네. 시간과 돈은 생각하기 나름이야."

지금도 아이들은 매일 나무집에 올라가 재밌게 시간을 보낸다. 하지만 나는 존스가 도대체 어떻게 나무집을 지었는지 모르겠다. 클레어와 스콧은 독특한 건축 자재의 수입을 대행하는 아마줄루닷컴에서 일하긴 했지만, 그날 밤 자기 집에서 꼼짝하지 않았으며, 존스라는 이름의 고객은 들어 본 적도 없다고 내게 확인해 주었다.

그즈음, "존스를 봤다"란 얘기가 점점 자주 들리기 시작했다. 심지어 내가 존스와 친하다는 걸 전혀 모르는 사람에게서도 그런 얘기가 들려왔다. 존스가 사람들에게 관심의 대상이 되고 있다는 뜻이었다.

그가 있는 곳은 언제나 사람들로 북적였다. 모든 이들이 그에게 질문을 했고, 그의 대답을 귀담아 들었다. 그와 만나고 나면 누구나 자신의 상황을 새로운 관점에서 해석해서 다시 기운을 차리고, 과거와는 다른 시각에서 새로운 삶을 시작하는 듯했다. 존스와 둘이서만 얘기를 나누었다는 사람도 있었다. 그런데 존스가 그들을 찾아간 장소와 시기가 섬뜩할 정도로 엇비슷했다. 이런 소문들은 내가 그를 처음 만났던 오래전 방파제 아래의 그날 밤을 떠올려 주었다.

어느 날 아침, 나는 해변에 커다란 게시판이 설치되는 광경을 목격했다. 게시판에는 존스가 했다는 말이 큼직한 글씨로 쓰여 있어 멀리에서도 뚜렷하게 보였다. 지난 수년 간 멕시코만을 덮친 허리케인 피해에 대해 존스가 남긴 말이었다. 이미 마을 사람들 대부분이 존스가 무슨 말을 했는지 알고 있었지만, 그 말이 커다란 게시판에 쓰인 것을 보자 나는 새삼스런 기분이 들었다. 게시판에는 이렇게 쓰여 있었다.

감사하는 마음으로 재건을 시작합시다. 여러분은 집을 잃었을지는 몰라도 가정을 잃지는 않았습니다. 여러분은 아직 숨을 쉬고 있지 않습니까.

– 존스

재밌는 소문도 돌았다. 어느 교회였는지는 모르겠지만 존스

가 동네 교회에 가서, 목사가 기도를 요청할 사람이 있느냐고
묻자 벌떡 일어나 "이 교회에서는 웃는 얼굴을 위해 기도했으면
좋겠습니다"라며 "그래야 천국이 교회 같은 곳일까 두려워하지
않고 더 많은 사람이 천국에 가고 싶어 하지 않겠소!"라고 말했
다는 소문이었다. 정말 놀라울 뿐이다. 존스는 언제나 진실을
말했다. 누구나 존스의 말을 받아들였다. 까다롭고 고집 센 사
람들까지도 존스에게는 마음의 문을 열었다.

* * *

헨리 워렌은 자정 직후에 애틀랜타를 출발해 멕시코만으로
향했다. 몽고메리를 지날 쯤에는 라디오를 켜지도, CD를 듣지
도 않았다. 적막 속에서 새벽 5시 직전 베이 미네트의 첫 출구
I-65를 빠져나와 59번 국도로 들어가 남쪽 해변으로 향했다. 서
른두 살인 헨리는 첫아이를 임신한 아내 얼굴을 볼 틈이 없을
정도로 바빴다. 그들은 힘들게 마련했지만 교외에 집도 있었고,
해변에 방 두 개짜리 콘도도 있었다.

하지만 헨리가 원하는 경제 수준까지는 아직 이르지 못했다.
그에게는 '원대한 꿈'이 있었다. 때때로 불가능한 목표에 무모하

게 덤벼들어 헛수고하고 있다는 생각이 들기도 했지만 그런 생각이 들 때마다 그는 그런 잡념들을 떨쳐내고 꿋꿋하게 앞으로 나아갔다.

헨리는 자신이 뛰어난 사업가라는데 자부심을 느꼈다. 애틀랜타에서는 5명의 직원을 둔 홍보 회사를 운영했고, 해변에서도 조경 사업을 하며 일감에 따라 3~7명으로 구성된 두 작업팀을 꾸리고 있었다. 2년 전에 리스로 구입한 자동차는 주행계가 벌써 11만 2500킬로미터를 가리키고 있었다. 애틀랜타와 해변을 그만큼 오갔다는 뜻이었다.

헨리는 졸지 않으려고 창문을 열고, 59번 국도를 타고 남쪽으로 한 시간쯤 달렸다. 마침내 멕시코만 끝자락이 보이기 시작했다. 웨스트비치 거리에서 우회전하자, 태양이 수평선에서 떠오르는 모습이 뒷거울에 보였다. 헨리는 계기반의 시계를 힐끗 보았다. 6시 10분이었다. 콘도까지 가기는 좀 빠듯했지만, 얼마 전에 따낸 신설 콘도 작업 현장에서 작업팀을 만나기 전에 휴식을 취할 여유는 조금 있었다. 두 개 팀 모두를 투입해야 할 큰 일감이었다.

헨리는 개발업자에게 종려나무와 딸기나무는 물론 꽃나무, 잔디, 심지어 수로까지 설계도에 맞춰 6일 내에 작업을 끝내겠다고 약속했다. 대규모 공사라 사실상 그 안에 끝낼 가능성이 거의 없다는 것을 헨리도 알고 있었다. 그러나 일은 이미 확보했으니 개발업자가 자신에게 끝까지 맡기는 수밖에 다른 도리가 없을 거라고 생각했다.

헨리는 차를 세웠다. 그리고 잠시라도 눈을 붙일지, 그날 오후에 있을 다른 공사의 입찰 건을 점검할지 머릿속으로 가늠하며 엔진을 껐다. 하지만 미처 생각을 매듭지을 겨를도 없이 깊은 잠에 빠져 버렸다.

헨리의 사업은 아슬아슬한 외줄타기와 같았다. 밀입국한 불법 노동자의 고용만 제외하면 표면적인 불법 행위는 없었지만, 헨리가 돈과 시간을 절약하려고 일상적으로 저지른 행동들로는 대학원 학위 논문이라도 쓸 수 있을 정도였다. 하지만 헨리는 '큰 그림'을 그리는 사업가라면 그 정도의 불법 행위는 무시할 수 있어야 한다고 생각했다.

그의 '큰 그림'은 최대한 많은 고객과 계약서에 서명하는 것이었다. 헨리는 계약을 따내기 위해 지키기 힘든 일정을 제시했고 실제로 사용하지도 않을 자재를 사용하겠다고 약속했다. 요컨대 일단 작업을 시작하고 주중에 일꾼들을 독촉해서, 고객에게 작업이 진척되는 걸 눈으로 보여 주는 게 그의 상투적인 수

법이었다. 만약 고객이 불만을 제기하면 다른 탓으로 돌리거나, 지키지도 않을 약속을 하나씩 더해 가면서 고객의 불만을 잠재웠다.

이럭저럭 공사가 끝나면 헨리는 공사비를 한 푼도 빠짐없이 받아 챙겼다. 그때쯤이면 고객은 헨리에게 진절머리가 나서, 헨리가 떠나는 게 오히려 반가울 지경이었다. 헨리는 그런 반응에도 아랑곳하지 않았다. 일거리는 얼마든지 있고, 고객은 어디에나 있으니 큰 그림을 그리는 사업가는 그런 반응에 연연해서는 안 된다고 생각했다. 한편, 일꾼들에게 임금을 지불할 때는 작업이 맘에 들지 않는다며 돈을 깎기 일쑤였다. 대부분이 불법 노동자인 걸 알기에, '내가 임금을 떼어먹는다고 이놈들이 누구한테 하소연하겠어?'라는 생각을 한 것이다.

헨리는 악몽을 꾸고는 깜짝 놀라 잠을 깼다. 한결같이 그의 사업에 관련된 악몽이었다. 잠이 부족해서 그런 거라 생각하며, 손목시계를 보았다. 벌써 8시였다. 일꾼들이 1시간 전에 일을 시작했을 거라 생각하며 헨리는 허겁지겁 자동차에서 뛰쳐나왔다.

헨리는 힘찬 걸음으로 주차장을 가로질러, 종려나무를 잔뜩 실은 대형 트레일러 쪽으로 걸어갔다. 일꾼 서너 명이 삽을 들고 트레일러 옆에 서 있었고, 한 사람은 고장 난 트레일러를 수리하고 있었다. 헨리가 큰 소리로 욕설을 퍼부었다. 일꾼들이 그를 쳐다보자, 헨리는 화난 얼굴로 소리쳤다.

"뭣들 하는 거야? 저 나무들은 벌써 내렸어야지! 그렇게 빈둥대면서 돈을 받겠다는 거야! 당신들 둘만 여기 남고, 나머지는 표시한 곳에 땅을 파!"

일꾼들이 슬금슬금 물러나는 걸 지켜보며 헨리는 다시 욕설을 퍼부었다.

오전 나절이 돼서야 종려나무가 내려졌다. 11명의 일꾼이 곳곳에서 허리 펼 틈도 없이 땀을 뻘뻘 흘리며 일했다. 헨리는 일꾼들을 닦달하는 틈틈이 휴대폰으로 걸려 오는 고객들의 불만을 처리했다. 그러나 아내의 전화는 받지 않았다. 바쁘기도 했지만, 아내가 충분히 이해해 주리라 믿었다.

헨리는 공사장 구석으로 걸어가, 우물에서 시작된 수로를 따라 걷기 시작했다. 그리고 저 앞쪽에서 수로를 파던 일꾼들에게 소리쳤다.

"이봐! 너무 깊게 파지 마. 어차피 모래로 덮을 거니까. 12센티미터를 파나, 35센티미터를 파나 똑같다고."

그때 헨리 뒤에서 누군가가 말했다.

"잠시만."

헨리는 뒤를 돌아보지도 않고 대답했다.

"뭐요?"

"깊게 묻지 않으면 바람 때문에 한 달도 안 돼 수도관이 드러 날 텐데."

"한 달 후에 우리는 여기에 있지 않을 거요."

그 목소리가 다시 말했다.

"그렇구면. 한 달 후엔 떠나고 없겠지. 하지만 훤히 드러난 수 도관은 남을 테고, 또 자네에 대한 평판도 남을 거야."

헨리가 화를 버럭 내며, 자신에게 감히 그런 식으로 말하는 사람을 돌아보았다.

"대체 넌 누구……."

헨리는 눈앞에 서 있는 노인을 보고 온몸이 얼어붙는 것 같 았다. 그처럼 새파란 눈동자는 여태껏 본 적이 없었다. 노인의 수정처럼 맑은 눈빛에 헨리는 꼼짝할 수 없었다. 잠시 동안이긴 했지만 딴 세상에 온 기분이었다. 헨리는 곧 냉정을 되찾고 퉁 명스레 물었다.

"노인장도 일하러 오셨소?"

노인이 빙그레 웃으며 대답했다.

"나야 항상 그렇지."

아리송한 대답이었다. 헨리는 기억을 더듬어 봤지만 생전 처음 보는 노인이었다. 하지만 이상하게 노인이 낯설게 느껴지지 않았다. 게다가 방금 전까지 치솟던 분노가 눈 녹듯 사라지고 어쩐지 노인에게 괜스레 미안한 생각까지 들었다.

"이름이 어떻게 되시죠?"

"존스라고 하네. 자네는 남들이 자네를 워렌 씨라고 불러 주는 걸 좋아하겠지만, 오늘만은 내가 자네를 친구처럼 대해 주지."

헨리는 자기도 모르게 고개를 끄덕이며, '내가 어디 아픈가?' 하고 생각했다. 현기증이 나고 약간 어질어질했다. 시야에서 모든 것이 사라지고 오로지 노인의 얼굴만 보이고, 노인의 목소리만 들리는 기분이었다.

존스가 부근에 있는 커다란 떡갈나무를 가리키며 말했다.

"저기 그늘로 갈까? 자네한테 몇 가지 묻고 싶은데."

헨리는 눈코 뜰 새 없이 일하는 일꾼들을 가리키며 말했다.

"하지만 일을……."

존스가 공사장을 둘러보며 말했다.

"일은 어차피 끝나게 돼 있네. 하지만 오늘은 자네에게 아주 중요한 날이야. 자네에게 긴히 할 말도 있고."

존스는 낡은 여행 가방을 다른 손으로 바꿔 쥐며, 헨리의 어깨를 감싸 안았다. 그리고 헨리를 그늘진 떡갈나무 아래로 데려갔다. 헨리는 저항하고 싶었지만, 자기도 모르게 노인과 발을 맞춰 걷고 있었다. 반발할 마음이 조금도 들지 않았다.

"여기 앉게."

헨리가 얌전히 땅바닥에 앉자, 존스가 물었다.

"물 좀 얻어 마실 수 있을까?"

헨리는 고개를 가로저었다.

헨리는 안개 속을 헤매는 기분이었다. 온갖 생각이 한꺼번에 머릿속에 맴돌았다. '피곤해 죽겠는데 이 노인에게 여기까지 끌려왔어. 대체 내가 뭐하고 있지? 무슨 얘기를 하자는 거야?'

"이봐, 자네."

헨리가 상념에서 벗어나 노인을 바라보았다. 노인은 여행 가방을 깔고 앉아 그를 똑바로 쳐다보고 있었다.

"어이! 내 말이 들리나?"

"아…… 예!"

헨리는 대답하면서, 노인이 왜 그렇게 큰 소리로 말하는지 궁금했다. 노인의 목소리 때문에 작업장에서 일하는 소리는 물론이고, 길에서 오가는 자동차 소리도 들리지 않는 것 같았다.
헨리는 다시 대답했다.

"예, 잘 들립니다."

불현듯 헨리의 마음에 두려움이 걷잡을 수 없이 밀려왔다.
'뭐가 어떻게 된 거야? 이 노인이 누구지? 내가 어디 아픈가?
왜 일어설 수가 없지?' 그때 노인이 헨리의 팔에 손을 살짝 올려
놓았다. 그러자 온몸에서 긴장감이 순식간에 빠져나갔다. 헨리
가 떨리는 목소리로 물었다.

"노인장은 누구십니까? 저한테 원하는 게 뭡니까?"

존스가 헨리의 팔에서 손을 떼고는 토닥토닥 두드리며 대답
했다.

"나쁜 소식을 전해 주려고 왔네."

그리고 헨리에게 얼굴을 바싹 갖다 대고 나지막이 덧붙였다.

"자네는 곧 죽을 거야."

헨리는 거의 제정신이 아니었기 때문에 그런 충격적인 말에
도 거의 반응을 보이지 않았다. 내면에서 당장 그 노인에게서
벗어나라는 소리가 들려왔지만 그는 힘없이 대답했다.

"무슨 말인지 모르겠습니다."

"삶이란 한 번의 숨이고, 지나가는 바람이네. 풀이 한때는

푸르고 반짝이지만, 결국엔 시들어 죽고 사라지고 말지. 곧 자네도 죽을 거네. 장례식이 끝나고, 헨리 워렌의 친구들과 가족은 한데 모여 닭 튀김과 바나나 푸딩을 먹으며 얘기를 나누겠지. 자네는 이미 잊혀진 사람처럼 취급되고 말이야. 왜 그럴까? 삶이란 '모노폴리'(부동산 관련 보드 게임) 게임과 비슷하기 때문이야. 놀이를 하는 중에는 보드워크의 호텔을 소유할 수도 있고, 발틱 거리의 콘도를 세낼 수도 있겠지. 하지만 놀이가 끝나면 모든 게 상자로 되돌아갈 뿐이지. 자네가 '큰 그림'을 말하는 걸 자주 들었네. 하지만 자네가 지금 생각하는 큰 그림은 결국 자네를 상처와 어둠만 남은 절망적인 삶으로 떨어뜨리고 말 걸세."

노인의 말에 헨리는 머릿속을 어지럽히던 안개가 걷히는 기분이었다. 눈물을 흘리며 반성하지는 않았지만 존스가 무슨 말을 하는지 짐작할 수는 있었다. 헨리는 조심스레 입을 열었다.

"제가 곧 죽을 거라고 말씀하셨는데……."

"조금만 주의를 기울여 세상을 보는 관점을 바꿔 보게. 다른 사람들도 마찬가지지만, 자네의 경우에는 더더욱 그래야 해."

그리고 존스는 손을 휘저어 언덕 아래쪽에 있는 사람들을 가리키며 말했다.

"저들도 모두 곧 죽겠지."

그러고는 눈빛을 반짝이며 덧붙였다.

"요즘처럼 빨리 변하는 세상에서는 저들 대부분은 이미 죽은 사람이네!"

헨리는 정신을 차리려는 듯 머리를 흔들었다.

"대체 무슨 말씀을 하시는 겁니까? 도무지 무슨 말인지 모르겠습니다."

존스가 빙그레 웃으며 말했다.

"모르는 게 당연하지. 그럼 하나씩 짚어 볼까."

존스는 잠시 말을 멈춘 후에 물었다.

"혹시 '사소한 것에 목숨걸지 말라'는 말 들어 본 적이 있나?"

"예."

"내가 여기까지 자네를 찾아온 이유가 바로 그것 때문이네. 많은 사람이 자네처럼 생각하며 살아가지. 하지만 그 관점은 잘못되었어. 모두가 큰 그림을 봐야 한다며 '사소한 것'을 무시하지만 큰 그림이 결국에는 '사소한 것'들로 이루어진다는 사실을 잊더군. '사소한 것'이야말로 우리 삶에서 큰 그림을 완성한다네."

그리고 존스는 헨리에게 불쑥 물었다.

"코끼리한테 물려 봤나?"

헨리가 고개를 저었다.

존스가 다시 물었다.

"그럼 모기한테는?"

"물론 물려 봤죠."

존스가 헨리의 어깨를 툭 치며 물었다.

"이쯤이면 내 말뜻을 이해하겠지? 자네에게 직접 영향을 주는 건 사소한 것이야!"

존스가 팔꿈치를 땅에 대고 뒤로 기대며 말했다.

"꽤 오래전에 있었던 일이네. 다람쥐 한 마리가 뉴욕시 교외 열차가 다니는 메트로노스 노선 전력선에 올라갔지. 다람쥐가 뭘 만졌는지 전압이 갑자기 증가했고, 똥딴지(전선을 지탱하기 위해 전봇대에 다는 기구)가 충격을 받았는지 느슨해지면서 전선이 철로 쪽으로 늘어졌고, 기차가 그 전선에 부딪치면서 노선 전체에 전기가 끊겼지. 그 일로 4만 7000명의 통근자가 그날 저녁 몇 시간 동안이나 맨해튼에서 발이 묶여 버렸네. 주먹 만한 다람쥐 하나 때문에!"

존스가 계속 말했다.

"허블 우주 망원경이 뭔지 아나? 1946년에 처음 고안됐고, 제작하는 데 무려 25억 달러나 들었지. 하지만 허블 우주 망원경이 지구 궤도에 진수된 후에야 미국 항공우주국(NASA)은 렌즈가 계획보다 1000분의 1인치만큼이 덜 연마된 걸 알아냈네. 우주 비행사들이 나중에 교정할 때까지, 그 '사소한 것' 때문에 인류 역사상 가장 많은 돈을 들여 만든 망원경이 지상의 괜찮은 망원경보다 크게 나을 바가 없었네."

존스는 헨리를 조심스레 관찰하며, 그가 제대로 듣고 있는지 확인했다.

"내가 말하려는 요점은 사소한 것도 무시하지 말라는 걸세. 사소한 것이 중요하네! 나폴레옹을 예로 들어 볼까? 워털루 전투에서 나폴레옹이 웰링턴에게 승리를 거둔 일 말이야."

헨리가 얼굴을 찡그리며 말했다.

"워털루에서 승리를 거둔 사람은 나폴레옹이 아니잖아요. 나폴레옹은 대패했습니다."

"그랬나? 정말인가?"

"그렇습니다, 확실합니다."

존스는 고개를 끄덕였다.

"자네 말이 맞네. 1815년 6월 18일, 나폴레옹은 워털루에서 대패했지. 하지만 실은 그런 패배를 당하기 전에 나폴레옹이 먼저 승리를 거둘 뻔한 적도 있었지."

존스는 헨리의 어리둥절한 표정을 보고 빙그레 웃고는 계속 말했다.

"거의 알려지지 않은 얘기지만, 나폴레옹은 웰링턴의 7만 7000명 병력을 전략으로 너끈하게 대적했네. 더구나 부근에 10만의 프로이센 대군이 웰링턴을 지원해서, 수적으로는 7만 6000명에 불과하던 나폴레옹 군을 압도하고 있던 상황이었어. 하지만 나폴레옹은 두 군대를 파고들어, 그들이 연합전선을 펴지 못하도록 막았어. 또 그 이틀 전에는 프로이센군을 대파해 병력 일부에게는 프로이센군을 견제하도록 지시했고, 나머지 병력에게는 웰링턴의 영국군에게 진격하도록 명령을 내렸네."

존스는 계속 말했다.

"아침 11시가 조금 지나, 나폴레옹은 영국군의 우측을 대포로 집중 포격했지. 전투는 진퇴를 거듭했지만, 결국 나폴레옹군은 웰링턴의 방어선을 뚫었고 영국군 대포 160문을 포획했네. 나폴레옹은 그런 승리의 순간을 언덕 기슭에서 지켜보았고."

존스는 여기까지 얘기하고 헨리에게 느닷없이 물었다.

"자네는 그런 대포를 가까이에서 본 적이 있나?"

"예, 포구 장전식 대포입니다."

"그렇네. 당시 대포는 검은 화약, 충전재, 일종의 추진체로 채

우고, 화문에 불을 붙여 화약을 점화시켜 포탄을 발사하는 식이었네. 내 말을 알아듣겠나?"

헨리는 존스가 정확히 뭘 묻는지 몰랐지만 무작정 대답했다. "예."

"당시엔 작은 금속 막대를 갖고 다니는 부대가 있었네. 적의 대포를 포획했을 때 화문을 마구 두들겨 대포를 무용지물로 만들어 버리는 막대였지. 나폴레옹군은 웰링턴의 대포를 포획하고 나서야 그 막대가 없다는 걸 깨달았네. 나폴레옹은 언덕에서 대포를 부수라고 소리쳤지만 헛수고였지. 결국엔 웰링턴군이 대포를 되찾고 자신의 부하들에게 대포를 쏘는 걸 지켜봐야 했어. 그래서 나폴레옹이 패한 거라네. 그 작은 막대가 없어서!"

"그런 얘기는 처음 듣습니다. 그런데 왜 그런 얘기를 저한테 하시는 겁니까?"

"자네가 사소한 것을 무시하면 자네의 '큰 그림'은 결코 걸작이 되지 못한다는 걸 말해 주고 싶은 거네. 그렇게 하다가는 아무리 노력해도 진정한 성공을 이루지 못할 거네. '성공'을 말할 때 자네는 머릿속으로 어떤 그림을 그리나? 깊이 생각 말고 빨리 말해 보게."

"글쎄요, 집…… 큰 집, 잘 빠진 차, 휴가, 비싼 시계, 아내를 위한 보석, 요트, 뭐 그런 거……"

존스가 끼어들었다.

"됐네, 그만하게. 그럼 '성공한 삶'은 어떤 삶일까?"

헨리는 곧바로 대답하지 못했다. 그러나 불안한 표정으로 조심스레 말했다.

"집사람과 아직 태어나지 않은 제 아들이 떠오르네요."

존스가 고개를 끄덕이며 말했다.

"그렇군. 계속해 보게."

"가족과 함께하는 시간, 좋은 친구들, 저로 인해 변화된 삶을 사는 사람들……"

"긍정적인 변화겠지?"

그 말을 듣자 헨리의 얼굴이 하얗게 질렸다. 존스가 헨리를 뚫어지게 쳐다보며 말했다.

"내 생각엔 자네가 이미 적잖은 사람의 삶을 변화시킨 것 같은데……"

헨리가 머뭇거리며 인정했다.

"그랬을 겁니다."

"틀림없이 그랬네, 젊은이. 자네만이 아니라 많은 사람이 그렇지. 자네 눈을 가린 가리개를 벗겨 내면 낭떠러지로 떨어지지 않을 텐데. 물질부터 감정까지 자네는 모든 부분에서 성공하려고 하지만 사실 재앙으로 치닫고 있어. 나를 빼면, 지금까지 자네를 진심으로 걱정해서 충고한 사람은 단 한 사람, 자네 아내뿐일 거네. 하지만 자네는 아내 말에 귀를 닫아 버렸겠지. 물론 전화는 받지도 않았을 테고."

헨리는 섬찟 놀라며 존스에게 물었다.

"어떻게 그걸 아셨습니까?"

"내 말이 틀렸나?"

존스는 이렇게 되묻고는 일꾼들에게 눈을 돌리며 물었다.

"저 사람들 이름이 뭔지는 아나?"

헨리는 고개를 저었다. 존스는 따가운 햇살에 땀을 뻘뻘 흘리며 엎드린 채 수로를 파고 있는 일꾼 셋을 가리키며 말했다.

"저 세 친구들은 월터, 라몬, 후아니타라네. 월터는 벌써 할아버지가 되었어. 윌리엄이란 아들을 두었지. 윌리엄도 결혼해서 두 아이를 두고 디트로이트에 살았지. 그런데 작년에 윌리엄이 직장을 잃었고, 더구나 어린 자식 하나가 병까지 들었네. 그래서 지금은 월터 부부 집에서 더부살이하고 있네."

존스는 손을 눈 위에 대고 햇살을 가리며 공사장을 둘러보았다. 그러고는 종려나무를 심을 구멍을 파고 있는 젊은이를 가리키며 말했다.

"저 친구가 윌리엄이네. 라몬과 후아니타는 부부인데 부모가 되고 싶어해. 자네 부부와 같은 또래일 거네. 후아니타는 나흘 전에 유산했네. 토요일이었지. 그런데 자네가 월요일 아침에 라몬에게 뭐라고 말했는지 기억하나?"

"라몬은 제게 아무 말도 안 했습니다, 저 여자가……."

"라몬에게 오후에 일하러 나오지 않으면 둘 다 해고하겠다고 했네."

존스는 잠시 헨리의 눈을 뚫어지게 쳐다보았다. 그리고 다시 공사장을 둘러보고, 수도관 옆에서 일하는 남자아이를 고갯짓으로 가리켰다.

"저기 수도관 쪽에서 일하는 아이는 마틴이네. 이제 열여섯 살이고, 난생처음 돈벌이를 하고 있지. 저 아이 아버지는 이 지역의 부동산 절반을 소유한 부자지만, 아들에게 올 여름에는 직접 일을 해서 돈을 벌어 보라고 했다더군. 아버지가 많은 기업체들을 운영하니 거기에서 일할 수도 있었지만 이 일을 택했어. 마틴은 자네 밑에서 일하기 힘들다고 아버지에게 말했지만, 아버지는 마틴에게 중간에 그만두지 말고 끝까지 버텨 보라고 했다더군. 내 생각엔 마틴의 아버지가 자네를 예로 들어 아들을 가르치고 있는 것 같네. 마틴도 앞으로 많은 직원을 거느려야 할 테니까. 자네가 저 아이를 때리지 않는 한 여기에서 계속 일하게 두겠지만, 앞으로 자네는 마틴 가족과 관련된 일거리를 얻지는 못하겠지."

헨리의 눈빛이 크게 흔들렸다. 존스가 종려나무를 심는 일꾼들을 가리키며 계속 말했다.

"저기에서 일하는 세 젊은이가 보이나? 종려나무를 심고 있는 친구들 말이야. 우고, 리카르도, 마리오라고 하지. 셋은 형제지간인데 텍사스와 접경해 있는 멕시코의 작은 도시에서 왔지. 아버지는 죽었고, 어머니는 병석에 있지. 진찰받을 돈조차 없어서 무슨 병인지도 모른다더군. 그런데 열다섯 살인 여동생은 대학에 가고 싶어 하고. 그래서 이 삼형제는 한 달 전에 국경을 넘어, 히치하이크로 여기까지 왔네. 이 지역에서는 밀입국자로 체포될 가능성이 거의 없다고 생각한 거지."

존스는 잠시 말을 멈추었다가 덧붙였다.

"물론 저들의 행동이 옳다고 말하는 건 아니네. 다만 그들이 누구인지를 말하고 있는 것뿐이야."

존스의 설명은 계속됐다.

"셜리와 리서는 모녀야. 지금 냉수기 앞에 있군. 자네 눈치를 보면서 말이야. 무척 겁먹은 표정이군, 그렇지 않나? 물 마시느라 일을 멈췄다고 자네가 화를 낼까 두려워하는 거지……."

존스는 말을 멈추고 헨리가 변명할 여유를 주었다. 그러나 헨리는 고개를 푹 떨구었다. 잠시 후, 존스가 말을 이었다.

"리서에게는 문제가 좀 있네. 나이는 거의 서른이지만 정신연령이 두 살에 불과하니까. 남편도 오래전에 리서를 버렸지. 셜리는 정부에 보조금을 신청할 자격이 되지만 자존심이 너무 세서 신청하지 않는다는군. 그래서 이 일을 포함해 세 가지 일을 하고 있다네."

존스는 쉬지 않고 말했다.

"저기에서 배수구를 파고 있는 야윈 사람은 프레드라고 하네. 나이가 쉰 살인데 온갖 일을 하면서, 어머니를 아파트에 모시고 산다고 하더군. 누구에게나 좋은 사람이란 소리를 듣지만 희망이라곤 없더군. 오래전에 버렸다고 해. 그래서 열심히 일하지 않는 것일 수도 있지. 자네는 그래서 지난주에 프레드의 임금을 50달러나 덜 준 건가?"

이렇게 말하며 존스는 얼굴을 낮춰 헨리와 눈을 맞추려 했다. 조금 전부터 헨리가 땅바닥만 쳐다보고 있었기 때문이었다. 헨리가 힘없이 대답했다.

"저는 일한 만큼 돈을 주었을 뿐입니다."

"틀린 말은 아니겠지."

그러나 존스는 굳은 표정으로 헨리에게 무뚝뚝하게 물었다.

"그럼 자네는 어떤가? 자네도 일한 만큼만 받기를 바라는가?"

존스는 이렇게 묻고는 입을 다물었다. 한참 후에야 존스는 한숨을 내쉬고, 고개를 설레설레 저으며 말했다.

"나라면 어떻게 하겠냐고? 나도 능력만큼만 받기를 바라지는 않네. 나는 공정한 대우가 아니라 자비를 바라네. 월터와 윌리엄, 셜리와 리서, 라몬과 후아니타, 이들 모두의 삶과 영혼이 하느님에게는 소중한 존재네. 태어나지 않은 자네 아들이 소중하듯이."

그들은 잠시 말없이 앉아 있었다. 헨리 워렌은 삶에서 전환점을 맞았을까? 삶의 방향을 바꾸겠다는 결심은 불꽃놀이나 군악대처럼 요란하게 찾아오는 게 아니었다. 대부분의 경우 그런 결심에는 눈물과 회한이 뒤따랐다. 헨리가 나지막이 말했다.

"저는 쓰레기 같은 삶을 살았습니다."

"그랬지. 하지만 이 순간까지만."

헨리가 고개를 번쩍 치켜들며 물었다.

"무슨 뜻입니까?"

"자네도 변할 수 있다는 뜻이네. 자네가 사업을 운영하는 방식, 가족을 대하는 태도를 이제부터라도 바꿀 수 있네. 자네를 믿고 일하는 사람들을 대하는 방법도. 당장 지금부터 말이야!"

존스는 헨리의 눈빛을 유심히 쳐다보며 계속 말했다.

"사람들은 변화하는 데 오랜 시간이 걸린다고 생각하지. 하지만 그렇지 않네. 변화는 순간적으로 일어나는 거야. 즉각적이지! 변하겠다고 결심하는 데는 오랜 시간이 걸릴 수 있지만 변화는 순간적이네!"

헨리가 말했다.

"그럼 저도 변할 겁니다. 아니, 변했습니다!"

"물론, 자네는 변했어. 하지만 자네에 대한 평판이 바뀌는 데는 시간이 좀 걸릴 거야."

헨리가 고개를 끄덕여 대답했다.

"다른 사람들이 자네에 대한 생각을 바꾸겠다고 결정하는 데는 시간이 걸릴 테니까. 하지만 자네가 정말로 변했다면 자네가 다른 사람이 됐다는 증거를 그들에게 보여 주게. 그럼 그들이 가지고 있던 선입견이 바뀔 거네."

존스가 한결 밝아진 목소리로 물었다.

"하나만 물어볼까. 자네를 철저하게 바꾸려면 이 질문에 대답해야 할 거네. 준비됐나?"

헨리가 조심스레 대답했다.

"예, 됐습니다."

"갈매기 다섯 마리가 부두에 앉아 있네. 한 마리가 딴 데로 날아가겠다고 결심했네. 그럼 몇 마리가 부두에 남아 있겠나?"

"네 마리요."

"틀렸네. 아직 다섯 마리야. 날아가겠다고 결심한 것과, 실제로 날아간 것은 엄연히 다르니까. 잘 듣게. 일반적인 속설과 다르게 들리겠지만, 변화는 의도만 있어서는 무용지물이네. 갈매기가 딴 데로 날아가겠다고 생각하고, 그렇게 하겠다고 결심할 수는 있겠지. 또 멋지게 날아오르면 정말 재밌을 거라고 다른 갈매기들과 얘기를 나눌 수도 있겠지. 하지만 날개를 펄럭이며 하늘로 날아갈 때까지는 여전히 부두에 있는 거야. 날아갈 생각을 하는 갈매기와, 아닌 갈매기는 조금도 다르지 않아. 결국, 앞으로 다르게 살아 보겠다고 생각하는 사람이나 그런 생각을 눈곱만큼도 하지 않는 사람이나 다를 바가 없네. 우리는 남들에 대해서는 행동으로 판단하면서, 정작 우리 자신은 의도만으로 판단하는 습관이 있지. '당신에게 꽃을 갖다주려고 했어. 그런데 그렇게 못했어.' '시간에 맞춰 일을 끝내려 했는데…….' '네 생일에 꼭 가려고 했어…….' 이렇게 행동이 수반되지 않은 의도는 우리를 믿어 주는 사람들에 대한 모욕이네."

헨리는 당혹스런 표정이었지만 굳게 결심한 목소리로 물었다.

"알겠습니다. 그럼, 제가 무엇부터 시작해야 할까요?"

"변화한 모습을 보여 주게."

그리고 존스는 헨리의 허리춤에 찬 휴대폰을 가리키고 빙그레 웃으며 말했다.

"먼저 아내에게 전화하게. 그 후는 자네가 알아서 하고."

헨리는 휴대폰을 쥐고 존스를 쳐다보며 물었다.

"지금 당장요?"

"그래, 지금 당장."

존스는 이렇게 말하고 일어서서 기지개를 폈다.

헨리는 집에 전화를 걸었다. 아내가 전화를 받자, 헨리는 폭포수처럼 말을 쏟아 냈다.

"여보! 정말 미안해. 당신한테 잘못한 게 너무 많아. 이제부터 나아질 거야 약속해. 내 말이 정신나간 소리처럼 들릴 거라는 것도 알아. 자세한 얘기는 집에서 할게. 어떤 노인을 만났어. 당신도 그분에게 인사를 했으면 좋겠어. 잠깐만 전화를 끊지 말고 기다려……."

헨리는 고개를 들었다. 주변을 둘러보았지만 노인은 어느새 사라지고 보이지 않았다. 헨리는 당황해서 벌떡 일어나, 멀리까지 존스의 흔적을 찾아 보았지만 존스는 어디에도 없었다.

여섯 번째 관점

당신은 '실수'한 것이 아니다

"왜 어떤 사람은 사과를 해도
효과를 보지 못하는 것일까?
그건 그들이 실수를 저지른 게 아니기
때문이야. 그들은 '선택'을 했지!"

존스라는 이상한 노인과 얘기를 나누고 며칠이 지나지 않아 헨리 워렌은 낙담에 빠졌다. 사람들이 '새롭게 변한 헨리'를 받아들여 줄 거라고 생각했지만 현실은 전혀 달랐기 때문이다. 예전에 욕하고 괴롭혔던 사람들에게 진심으로 사과했지만, 그들의 반응은 썰렁했다. 어떤 이는 기다렸다는 듯이 헨리를 비난하며 그의 사과까지 의심했다. 심지어 아내까지 새롭게 변한 헨리를 낯설어 했다.

그렇다고 헨리의 결심이 흔들리지는 않았다. 헨리는 떡갈나무 아래에서 존스와 함께했던 그날 자신이 변했다는 사실을 조금도 의심하지 않았다. 이제 완전히 다른 사람이 됐다고 굳게 믿었다. 하지만 안타깝게도 누구도 그의 변화를 좋게 해석해 주지 않았다.

그날 아침, 헨리는 콘도 입구에 깔 잔디밭 아래에 묻을 수로관을 직접 마무리하고 있었다. 햇살이 따가웠기에 그는 후아니타를 그의 자동차에서 쉬게 하고는 라몬을 돕고 있었다.

라몬은 '가르시아가 떠난 월요일부터 워렌 씨가 갑자기 변했어. 워렌 씨가 후아니타에게 쉬라고 했다는데, 정말일까?'라고 생각했다. 라몬과 후아니타는 헨리에게 어떤 일이 있었는지 정확히 알지 못했지만, 헨리가 전에는 그들과 함께 땀을 흘리며 일한 적 없다는 것만은 분명히 알았다. 그들에게 헨리는 그저 욕을 퍼붓고 협박을 해대는 사람일 뿐이었다.

그때 귀에 익은 목소리가 들렸다.

"수도관을 끔찍히도 깊게 묻고 있구먼."

헨리는 고개를 들었다. 어쩌면 그 노인일지도 모른다는 희망을 품었지만, 정말 존스였다. 헨리는 벌떡 일어서며 소리쳤다.

"존스! 안녕하세요, 정말 반가워요! 사실, 제가 개발업자에게 약속한 것보다 더 깊게 묻고 있기는 합니다."

존스가 환히 웃으며 말했다.

"잘했네."

헨리가 물었다.

"잠깐 시간 좀 내주실 수 있겠습니까? 어르신께 연락할 방법을 몰라서…… 상의할 일이 있거든요."

"물론이지. 지금쯤이면 자네가 나한테 물을 게 있을 거라고 생각했지."

헨리는 빙그레 웃으며 라몬의 등을 툭 쳤다. 그리고 후아니타와 냉수기 쪽을 가리키며 말했다.

"좀 쉬게. 고생했네, 라몬. 15분이면 되겠지?"

완전히 달라진 헨리의 태도에 좋아하면서도 당황하는 라몬의 표정을 보고 존스는 큰 소리로 웃었다. 존스는 헨리에게 떡갈나무 그늘을 가리키며 말했다.

"우리 저 나무로 갈까?"

"좋습니다."

그리고 헨리는 존스의 여행 가방을 가리키며 "제가 들어 드릴게요"라고 말했다. 하지만 존스는 헨리의 손을 살짝 밀어내며 말했다.

"됐네, 됐어. 내가 늙기는 했지만 힘없는 꼬부랑 노인 취급은 말게."

이렇게 말하고 존스는 떡갈나무 아래로 뚜벅뚜벅 걸어갔다. 헨리는 그의 뒤를 따라갔다.

그들은 땅바닥에 자리잡고 앉았다. 헨리는 한없이 행복했다. 존스가 다시 찾아왔다는 사실만으로도 기쁘고 가슴이 떨렸다. 그 느낌이 온몸으로 퍼져 나가고 있었다. 그러나 헨리는 존스에게 상의하고 싶은 일을 떠올리자 가슴이 답답해졌다. 존스는 헨리의 표정이 변한 걸 놓치지 않고 물었다.

"어떻게 지내나?"

"괜찮습니다."

하지만 곧 헨리는 얼굴을 찡그리며 덧붙였다.

"실은 그다지 좋지는 않습니다. 그 이유를 정말 모르겠습니다."

"말해 보게."

"그동안 몇 사람, 아니 상당히 많은 사람에게 제가 잘못했다고 사과했습니다. 물론 아내에게 가장 먼저요. 개발업자와 납품업자는 물론이고, 여기에서 일하는 직원들에게도요. 직원들에게는 한 사람도 빼놓지 않고 용서를 빌었습니다. 하지만 그들은 내 진심을 받아들여 주지 않는 것 같아요. 아직 거리가 있습니다. 아내도 마찬가지고요. 특히 그 사람이 내 진심을 몰라줘서 미치겠습니다. 지금 임신 7개월인데요…… 아기가 태어나기 전에 이 문제를 꼭 해결하고 싶어요."

존스가 온화하게 웃으며 말했다.

"이해하네. 모든 게 우리가 짠 시간표대로 움직이면 얼마나 좋겠나."

헨리가 뭐라고 대꾸하려 했지만 존스는 틈을 주지 않았다.

"잘 듣게. 자네는 오랫동안 사람들 가슴과 머리에 나쁜 인상을 심었네. 그걸 하루아침에 뿌리 뽑을 수는 없겠지."

존스는 눈을 감고 손가락 하나를 세워 보이며 말했다.

"처음엔 자네 생각보다 훨씬 힘들 수도 있을 거네."

헨리는 침을 꿀꺽 삼키고, 마음을 단단히 먹고 존스의 다음 말을 기다렸다. 그러자 존스가 빙그레 웃으며 말했다.

"헨리 자네는 뭐랄까…… 너무 진지한 사람이란 말을 들은 적 있나?"

헨리가 이마를 찌푸리며 대답했다.

"예."

"내 생각이 딱 맞았구먼. 자네는 너무 진지해. 마음을 편하게 먹게."

헨리가 눈을 천천히 끔뻑였다. 그런 모습을 보고 존스가 장난스레 꾸짖었다.

"또 진지해졌군."

하지만 곧 정색하며 말했다.

"자네가 그 사람들에게 어떻게 사과했는지 자세히 말해 보게."

"글쎄요, 제가 많은 실수를 했다고 말했습니다. 제가 잘못했다고요."

존스가 손을 치켜들며 말했다.

"그만하게, 문제가 뭔지 알았으니까."

헨리가 어리둥절해서 물었다.

"예? 제가 잘못했다고 말한 게 틀린 건가요?"

존스가 헨리에게 되물었다.

"안 좋은 일에 연루된 정치인이나 최고경영자, 연예인 같은 유명인사들이 '제가 실수했습니다. 죄송합니다'라고 말하는 걸 본 적이 있나?"

헨리가 느릿하게 고개를 끄덕이며 말했다.

"예, 봤습니다."

"그럼 몇 달이 지나 소문이 잠잠해졌더라도, 또 때로는 몇 년이 지나도 사람들은 그 사과를 믿지 않는다는 걸 알고 있나? 그 유명인사가 '대체 내가 실수했단 걸 몇 번이나 인정해야 합니까! 정말 죄송합니다!'라고 했더라도 말이야."

"예, 압니다."

존스는 자세를 고쳐 앉고, 팔꿈치를 여행 가방에 기대며 말했다.

"우리가 그런 사과를 믿지 않는 이유는 간단하네. 그들이 자신이 어떤 짓을 했는지도 모른 채 무작정 실수했다, 잘못했다 연발하기 때문이네. 다시 말해서, 자네는 실수한 게 아닐세! 문제는 바로 그거야."

헨리는 존스의 말뜻을 이해할 수 없었다.

"무슨 말인지 모르겠습니다. 자세히 설명해 주세요."

"실수를 하면, 대체로 사과 한 번으로 원상회복시킬 수 있지. 하지만…… 왜 어떤 사람은 사과를 해도 그런 효과를 보지 못하는 것일까? 그 이유는 그들이 '실수'를 저지른 게 아니기 때문이네. 그들은 '선택'을 한 것이네. 선택과 실수의 차이를 모르고 있는 셈이지."

"선택이라고요?"

"자, 이렇게 생각하게. 자네가 어두운 밤에 숲에서 방향을 잃고 헤매고 있는 거야. 어두워서 앞이 보이지 않고, 절벽이 근처에 있다는 것도 몰랐어. 그래서 절벽에서 떨어져 목이 부러졌네. 이런 게 바로 '실수'야."

존스는 확신에 찬 얼굴로 덧붙였다.

"하지만 환한 대낮에 자네가 절대 들어가지 말라는 숲에 들어가 어슬렁거린다고 해 보세. 사방에 '출입 금지'라는 팻말이 있지만 몰래 들어갔다가 나오면 괜찮을 거라고 생각하지. 그러다 발을 헛디뎌 목이 부러졌네. 헨리, 이런 건 실수가 아니야. 의식적인 선택이지!"

헨리가 침울한 얼굴로 물었다.

"그럼, 제가 실수한 게 아니라 선택한 거란 뜻입니까!"

존스의 귀에는 질문이 아니라 일종의 선언처럼 들렸다. 존스는 고개를 끄덕이며 말했다.

"대부분의 경우에 그랬을 거라 생각하네. 자네는 모든 일을 이해관계에 따라 판단했을 거네. 아내 생일에도 집에 있지 않았지? 그건 선택이었네. 일꾼들의 임금을 깎았지? 그것도 선택이었네. 자네는 수로관을 얕게 묻었네. 그래서 한 달 후에는 수로관이 드러나기 시작했어. 작업을 너무 서두르느라 대충대충 했기 때문이지. 그렇지 않나? 그건 실수가 아니라 선택이었네. 그래서 자네에게 작업을 맡긴 사람은 자네를 운이 없는 사람, 무능력한 사람이라 생각지 않고, 성실하지 못한 사람으로 판단했지. 이제 그 차이를 알겠나?"

헨리는 침울한 표정으로 대답했다.

"예, 알겠습니다."

"다행이군. 이제부터라도 상황에 따라 문제를 어떻게 해결해야 할지 그 차이를 알아야 할 거야. 단순히 실수를 했다면 '죄송합니다'라는 사과만으로 그 상황을 해결할 수 있지. 하지만 '선택'이 개입됐다면 진정으로 후회하는 모습을 보이고 용서를 구하는 방법밖에 없네. 돈이나 재산이 개입된 경우라면 변상을 하고, 참회하는 모습을 보여야 할 거야. 그래야 자네는 새로운 삶을 시작할 수 있다네."

"직원들에게도 그렇게 해야겠지요?"

헨리는 이렇게 물었지만 이미 답을 알고 있었다. 그는 존스가 들려준 이야기를 받아들이려 안간힘을 썼다. 그것만이 그의 삶을 변화시킬 수 있는 유일한 가능성이란 걸 알았으니까.

"물론. 많은 고용주가 직원들에게 잘못을 인정하고 용서를 빌면 권위를 잃어버린 나약한 사람으로 비춰질까 걱정하지만, 그 생각은 잘못된 거네. 전혀 그렇지 않아. 오히려 사과를 통해 사람들 마음에 맺힌 응어리를 충분히 씻어 주지 않기 때문에 지도자들이 리더십을 잃는 거네."

존스가 계속 말했다.

"또 하나 명심할 게 있네. 용서를 구할 때 '당신에게 상처를 줬다면' '제가 잘못했다면' 이런 식으로 조건을 달아 말해서는 안 되네. 진정으로 뉘우친 사람이라면 자기가 상대에게 상처를 주었고, 자기가 잘못했다는 걸 너무나 잘 알 테니까. 용서를 해야 하는 입장에 있는 사람은 그런 말을 들으면 진정성을 의심하기 마련이지. 괜스레 감정을 꾸며 문제를 복잡하게 만드느니 차라리 아무 말도 않는 편이 낫네."

"제 생각엔, 직원들과는 문제를 그런대로 풀 수 있을 것 같습니다. 근데 아내랑 엉킨 문제는 쉽지 않네요."

존스가 어깨를 으쓱해 보이고 대답했다.

"아내가 더 중요하네. 아내와 엉킨 문제를 해결하는 데는 더 오랜 시간이 걸릴 거네. 그럴 수밖에 없어. 오래된 관계일수록 얽힌 문제가 많잖나. 그러니 자네가 정말로 변했다는 걸 상대의 마음에 심어 주는 데도 오랜 시간이 걸릴 수밖에 없겠지. 용서는 믿음이나 존경과는 완전히 다른 거네. 용서는 과거를 용서하는 것이지만, 믿음과 존경은 미래와 관련된 거니까. 또 용서는 상대의 손에 달린 것이어서 상대가 자네에게 베푸는 것이지만, 믿음과 존경은 자네가 어떻게 행동하느냐에 달렸네. 달리 말하면, 자네가 존경받고 믿음을 얻을 만한 행동을 보여야 한다는 뜻이네. 젊은이, 자네가 처음 아내를 사랑하던 때의 사람으로 돌아갔다는 걸 행동으로 보이면 아내도 자네의 진심을 받아들일 거네."

존스가 갑자기 화제를 바꿔 헨리에게 물었다.

"태어날 아이의 이름은 정했나?"

존스의 말을 골똘히 생각하던 헨리는 정신을 차리려는 듯 머리를 흔들고는 빙그레 웃으며 대답했다.

"집사람은 갈렙으로 짓자고 합니다. 하지만 저는 집에 돌아가면 존스가 어떠냐고 우겨 보렵니다."

존스가 두 손을 저으며 껄껄대고 웃었다.

"안 돼! 그렇게 예쁜 아이에게 존스란 이름은 어울리지 않아. 갈렙이 훨씬 낫네. 그런데 갈렙이 누군지는 아나?"

"모릅니다."

"갈렙은 성실한 자세로 평생을 살았고, 결국 '승리한 노인'이 됐지. 언제 시간이 허락하면 갈렙이 어떤 사람이었는지 조사해 보게. 자네가 닮고 싶은 사람일 테니까."

존스는 헨리의 머리에 손을 얹었다. 그리고 눈을 감고 미소 띤 얼굴로 기도하듯 말했다.

"헨리 워렌, 자네 아들 갈렙은 장수하면서 보람찬 삶을 살아가야 하지 않겠나. 다른 사람들도 그런 삶을 살아가도록 인도하는 지도자가 되고 말이야. 또, 갈렙이 부모를 사랑하고 부모를 섬기며 존경하며 살아가면 좋겠지. 뿐만 아니라 어머니를 지켜 주고 아버지를 자랑스레 여기는 아들이 되어야 하지 않겠나.

그러려면 어머니는 갈렙을 가슴에 안고 희망과 확신을 심어 주고 어머니만이 베풀 수 있는 사랑을 보여 줘야 해. 그 사랑만큼 갈렙에게 소중한 건 없을 테니까. 하지만 갈렙에게 삶의 본보기를 보여 줄 사람은 바로 아버지네! 갈렙은 옆에서 아버지의 일거수일투족을 지켜보며 아버지를 닮아갈 테지."

눈물이 헨리의 얼굴을 타고 흘러내리기 시작했다. 감정에 북받친 목소리로 헨리가 말했다.

"정말 겁납니다. 갈렙이 정말 저처럼 될까요?"

"물론. 자네도 자네 아버지를 많이 닮지 않았나?"

"아쉽게도 닮고 싶지 않은 부분까지 닮았습니다."

"자네 아버지도 자네를 제대로 키우려고 최선을 다하셨을 거네. 하지만 아버지로서 줄 수 있었던 것에 자네가 새로운 지혜와 깨달음을 더해 가기를 바라셨을 거야. 지금부터라도 자네의 삶에서 잘못된 부분을 고쳐 간다면, 갈렙을 자네가 지금껏 살았던 저주스런 삶에서 구해 낼 수 있을 거네. 지금 이 순간부터 자네는 '관점'을 바꿔야 하네. 지금부터라도 균형 잡힌 관점을 갖는다면, 삶을 자네가 진정으로 바라는 방향으로 바꿔 갈수 있네. 관점이 바뀌면 자네의 삶을 가로막는 산이라도 움직일수 있을 거네. 자네 목표에 공감해서 자네를 사랑하고 존경하게 될 사람들의 도움까지 받아 가면서 말이야."

존스는 말을 이었다.

"하지만 자네가 지금까지 저지른 행동의 결과를 아직 해결하지 못했다는 사실을 잊어서는 안 되네. 쉽지는 않을 걸세. 자네의 동기를 의심하고 자네의 과거를 들먹이며 다른 사람들에게 자네를 조심하라고 말하는 사람들도 있을 거야. 하지만 내가 장담하지. 자네가 그런 상황까지 너그럽게 받아들이고, 진정으로 뉘우치며 용서를 구한다면, 결국에는 자네를 미워하는 사람의 마음까지 얻게 될 거네. 힘들어도 자네가 갈렙의 본보기이며, 등대라는 사실을 잊지 말게. 자네가 갈렙을 그 이름의 뜻대로 '승리한 노인'으로 키울 인도자라는 사실도 잊지 말고."

풀죽은 표정으로 땅바닥을 쳐다보며 생각에 잠겼던 헨리는 잠시 후 고개를 번쩍 치켜들며 단호하게 말했다.

"그렇게 하겠습니다."

헨리는 존스를 쳐다보며 되풀이해서 말했다.

"꼭 해낼게요."

존스는 헨리의 진의를 파악하려는 듯 날카로운 눈빛으로 그를 뚫어지게 쳐다보았다. 헨리의 말은 진심인 듯했다. 존스는 흐뭇한 표정으로 고개를 가볍게 끄덕였다. 그리고는 허리를 펴고 일어나 헨리에게 손을 내밀었다. 헨리는 그 손을 잡고 일어나 존스와 마주 보았다. 짧은 순간이었지만 쑥스럽고 어색한 마음이 들었다. 헨리는 느닷없이 존스를 힘껏 껴안았다. 그리고 차오르는 눈물을 억누르며 말했다.

"어르신을 절대 잊지 못할 겁니다."

존스는 여행 가방을 들고 도로 쪽으로 걸어갔다. 헨리 워렌은 존스를 향해 머리를 숙여 절하고, 어렸을 때 이후로 처음으로 기도했다. 힘과 용기를 달라고, 지혜와 깨달음을 달라고. 그리고 오늘부터 좋은 남편, 좋은 아버지가 되겠다고 다짐했다. 또 좋은 고용주, 진실하고 성실한 친구가 되겠다고 맹세했다. 그리고 존스를 향해 외쳤다.

"정말 고맙습니다!"

일곱 번째 관점

다른 사람이 바꾸고 싶어 하는 것을 생각하라

"전 희망이라곤 없는 놈입니다.
 그냥 절 내버려 두세요."
 존스가 고개를 설레설레 저으며 말했다.
"미안하지만 내가 아는데 그냥 내버려 둘 수는 없지."

"안녕하쇼!"

내가 '팩 앤 메일'의 문을 밀고 들어가자, 문에 매달린 종이 요란하게 땡그랑거렸다. '팩 앤 메일'은 우리 지역에서 가장 흥미진진한 상점 중 하나이다. 포장과 우편물을 주로 취급하지만 책을 비롯해 온갖 선물 거리와 퍼즐도 팔고, 무심코 들린 꼬마들에게 사탕까지 파는 잡화점이다. 게다가 우리 마을에서 그곳에서만 점박이 개 달마시안을 의족에 애꾸눈 해적처럼 그려 놓은 익살스러운 티셔츠를 살 수 있었다.

'팩 앤 메일'은 누구나 들어와 마음껏 떠드는 곳이기도 하다. 커피숍 '베이네 카페'가 바로 옆에 있고, 배달원인 마크는 하루에도 몇 번씩 가게를 드나들었다. 따라서 '팩 앤 메일'의 직원들은 오렌지비치 안팎에서 일어나는 일들에 대해 누구보다 많이 알았다. 주인인 테드는 머리칼이 희끗하게 변하기 시작한 중년 남자로, 철테 안경을 썼고 항상 웃는 얼굴이었다. 그의 믿음직한 오른팔인 린은 테드보다 약간 젊고, 머리칼은 밤색이었다. 마을 사람 모두가 좋아하는 사람들이었다. 내가 반갑게 인사를 하며 상점에 들어서자 그들이 거의 동시에 말했다.

"어서 와요, 앤디!"

테드가 물었다.

"뭘 사려고 온 건가, 아니면 수다를 떨려고 온 건가?"

나는 히죽 웃으며 대답했다.

"잠깐 수다나 떨려고. 점심 먹으러 가는 길에 인사나 하려고 들렀어."

"뭐 먹으려고? 중국 음식?"

"글쎄, 왜? 자네도 배고픈가?"

"물론. 근데 너무 바빠 밥 먹을 시간도 없어. 참, 좀 전에 존스가 지나가는 걸 봤는데. 서둘러 쫓아가면 만날 수 있을걸. 자네와 친하지 않나?"

"당연하지. 평생 갚아도 갚지 못할 빚을 졌는걸. 어느 쪽으로 가던가?"

테드가 오른쪽을 가리키며 말했다.

"제니 식당 쪽으로."

'차이나 드래곤'은 점심 식사를 하기엔 안성맞춤인 곳으로, 영어를 거의 못하는 아시아계의 젊은 여자가 운영하는 중국 식당이었다. 그녀의 이름은 글자로 표기하면 X, S, Z, G 중 어느 거로나 시작할 수 있을 것 같았지만, 그녀가 자신의 이름을 말하면 우리 귀에는 거의 '제니'로 들렸다. 그래서 우리는 그녀를 제니라 부르기로 합의를 봤고, 그녀의 식당은 보통 '제니 식당'이라 불렸다.

제니는 주문을 받고 음식을 배달하며 음식 값을 계산하는 일까지 혼자서 처리했다. 식탁을 정리하고 손님의 물잔을 다시 채우는 것도 제니의 몫이었다. 제니는 어깨와 귀 사이에 끼워 넣은 무선 전화로 주문 받은 음식을 주방에 알리면서 이 모든 일을 거뜬히 해치웠다. 그런데 누구도 주방에서 일하는 사람을 본 적이 없어, 제니가 요리까지 하는 게 아닌가 싶기도 했다. 식당에서 제니를 돕는 유일한 직원은 멕시코계 젊은이, 에이브러햄이었다. 모두가 그를 에이브러햄이라고 불렀다. 우리가 식사하는 동안, 그는 식탁에 앉아 우리와 도란도란 얘기를 나누곤 했다. 에이브러햄이란 이름도 남부의 조그만 마을인 우리 동네에서는 소소한 재미였고, 덕분에 우리는 인종을 차별하지 않는 사람들이란 자부심을 느끼기도 했다. "제니 식당이 아니면 어디에서 고집 센 남부 사람이 유대인 이름의 멕시코 사람과 어울리면서 중국 음식을 먹을 수 있겠어?"라는 우스갯소리까지 오갔다.

식당 문을 열고 들어가자 낯익은 풍경이 눈에 들어왔다. 건설 인부부터 사업가까지, 또 서핑을 즐기는 젊은이부터 은퇴한 노인까지 온갖 유형의 손님들로 식당은 발 디딜 틈 없었다. 그

와중에도 귀에 이어폰을 꽂은 제니가 단연 돋보였다. 제니는 내게 손을 흔들어 보이고, 오른쪽 첫 번째 좌석을 가리켰다. 출입문 바로 옆이었다. 나는 환한 밖에서 어둑한 식당으로 들어온 탓에, 바로 옆에 있던 존스를 보지 못했다. 존스가 내 팔을 꼬집었다.

내가 펄쩍 뛰자 존스는 껄껄대고 웃었다. 나는 반가운 마음에 크게 소리쳤다.

"존스!"

존스는 자리에서 일어나 나를 껴안으며 말했다.

"여기 오면 자네를 만날 줄 알았지."

존스에게 꽤 자주 듣는 말이었지만, 존스가 제니 식당에서 그렇게 말하자 그 말이 그날따라 무척 생소하게 들렸다. 15분 전에 집에서 나올 때까지만 해도 나는 어디에서 점심을 먹을지 결정하지 못한 까닭이었다. 처음 묻는 건 아니었지만, 나는 자리에 앉자마자 존스에게 물었다.

"존스, 여기에 오면 저를 만날 수 있을 거라는 걸 어떻게 아셨습니까?"

존스는 어깨를 으쓱해 보이고 대답했다.

"그냥 내가 먼저 들어와 앉았고, 조금 있다가 자네가 온 거지,

뭐."

이렇게 말하고는 내 얼굴을 쳐다보며 껄껄대고 웃었다.

나는 야채 볶음밥과 완탕 수프를 주문했고, 존스는 쇠고기 구이를 주문했다. 우리는 콜라를 마시면서 내가 얼마 전에 했던 강연에 대해 얘기를 나누었다. 수천 명의 기업을 상대로 한 강연이었다. 강연에서 그를 언급했다고 말하자, 존스는 무척 놀란 표정을 지었다. 그리고 얼굴을 찡그리며 말했다.

"별로 재미없었겠구먼."

그때 제니가 우리 자리에 다가와, 존스 옆에 서서 무릎을 살짝 굽혔다. 제니가 두 손으로 존스의 왼손을 잡은 모습을 보니 약간 당혹스럽기도 했다. 부산스런 식당에서 제니는 모국어로 존스에게 뭐라고 나지막이 속삭였고, 존스는 제니 쪽으로 몸을 구부리고 몇 차례 고개를 끄덕였다. 마침내 제니가 무릎을 펴고 일어서며 고개를 숙여 절을 했다. 그리고 머뭇거리며 말했다.

"어르신을 만난 걸 영원히 잊지 못할 거예요, 첸."

제니는 다시 살짝 절하고 돌아섰다.

뜻밖의 순간이었다. 존스는 부리부리한 눈빛으로 나를 쳐다보았는데 나는 그 표정에 담긴 뜻을 읽어 낼 수 없었다. 분명히 온유함과 사랑, 평온함이 깃든 표정이었지만 어딘지 모르게 슬픈 기운이 읽혀졌다. 내가 잘못 본 것이길 바랐다. 나는 언제나 존스에게 경외감을 느꼈기에, 무슨 수를 써서도 존스를 지켜 주고 싶었다. 나는 뭐라고 말해야 할지 몰랐다.

"괜찮으세요?"

존스는 온화한 미소를 지으며 대답했다.

"그럼, 괜찮네. 아주 좋아."

그리고 존스는 음식을 먹기 시작했다. 나는 망설였지만 결국 궁금증을 이기지 못하고 물었다.

"제니가 무슨 말을 했는지 알아들으셨어요?"

존스가 얼굴을 들었다. 조금 전의 표정과 똑같았다.

"물론."

이렇게 대답하고 존스는 나를 뚫어지게 쳐다보았다.

"그런데 제니가 첸이라고 부르던데요?"

"그랬지."

나는 존스의 눈치를 살피며 조심스레 물었다.

"에이브러햄이 존스를 부르면 가르시아겠지요?"

존스는 내가 그렇게 물을 거라고 예측이라도 한 것처럼 천천히 고개를 끄덕였다.

"대부분이 그렇듯 에이브러햄도 그렇게 부르겠지."

갑자기 나는 숨이 턱 막혔다. 내 앞에 앉아 있는 노인의 낯익은 얼굴이 그 자리에서 계속 변해 가는 것 같았다. 하지만 실제로 변한 것은 아니었다! 한때 백인인지 흑인인지 문득문득 궁금증을 불러일으켰던 그 노인의 얼굴이 그때는 눈에 띄게 다르게 보였다. 하지만 존스가 입이 닳도록 말했듯이, 그냥 내가 그렇게 인식하는 것은 아닐까? 내가 그를 '가르시아'라 생각할 때는 히스패닉으로 보였지만, '첸'을 떠올리면 내 앞의 노인은 아시아계의 얼굴을 하고 있었다. 이 글을 쓰는 지금도 당시 상황을 정확히 설명하기는 힘들다. 그때 존스는 내 접시를 가리켰고, 그 이상야릇한 순간은 끝났다.

"먹게. 식사를 끝내고 가 봐야 할 데가 있으니까."

나는 배가 조금도 고프지 않았다. 그래서 서너 숟갈을 뜨고는 배가 부르다고 말했다. 나는 식탁에 음식 값을 올려놓고 존스의 뒤를 쫓아갔다. 존스는 여전히 그 낡은 여행 가방을 들고 식당 문을 나서서, 내 차가 있는 곳으로 곧장 걸어갔다.

나는 서둘러 시동을 걸며 물었다.

"어디 가실 건데요?"

"해변 길. 서쪽으로 가게."

내가 운전하는 동안 존스는 잠을 잤다. 적어도 내 눈에는 존스가 잠을 자는 것으로 보였다. 존스는 눈을 감고 아무 말도 하지 않았다. 나도 입을 꼭 다물고, 존스가 말한 대로 해변 길을 따라 서쪽으로 차를 몰았다. 그렇게 10분쯤 지났을까? 존스가 아무런 기척도 없이 눈을 뜨고 말했다.

"여기서 회전하게."

나는 자동차를 돌리면서, 우리가 처음 만났던 곳인 방파제로 향하고 있다는 걸 눈치챘다. 방파제는 얼마 전에 태풍에 큰 피해를 입어 폐쇄된 상태였다. 주차장은 모래로 뒤덮인 채 텅 비어 있었다.

나는 속도를 줄여 차를 멈춰 세웠다. 존스는 나를 돌아보았다. 뭔가를 기억해 내려는 눈치였지만 나는 아무 말도 하지 않았다. 존스는 차에서 내려 걷기 시작했다. 주차장과 해변을 차례로 지나 콘크리트와 모래가 만나는 곳, 내게는 고향처럼 낯익은 그곳을 향해 다가갔다. 나는 영문을 모르고 묵묵히 뒤따라 걸었다. 적어도 그가 내게 따라오지 말라고 하지는 않았으니까……

존스는 방파제 끝에서 나를 기다렸다. 그러고는 다시 내 안색을 살폈지만 나는 아무 말도 하지 않았다. 그때 그 소리가 들렸다. 갈매기의 울음소리와 방파제를 때리는 파도 소리 사이로 들리는 슬픔에 젖어 울부짖는 소리. 방파제 아래 모래를 파낸 곳에서, 아직도 때때로 내 꿈에 나타나는 바로 그곳에서 들려오는 울음소리였다. 한낮의 따가운 햇살과 습한 기운에도 온몸이 으스스 떨렸다.

존스가 방파제 아래로 허리를 굽혔다. 나도 초조한 마음에 허리를 굽혀 내려다보았다. 그때 '혹시 내가 과거로 들어가고 있나?' 하는 엉뚱한 생각이 문뜩 떠올랐다. 어둠에 눈이 익숙해지자 별로 보고 싶지 않은 모습이 눈에 들어왔다. 거북했지만 굉장히 낯익은 모습이었다.

반바지에 티셔츠 차림의 젊은이가 책상다리를 하고 앉아 있었다. 맨발이 훤히 보였다. 그는 두 손에 얼굴을 묻은 채 흐느껴 울고 있었다. 오래전 바로 그곳에 앉아 절망감에 빠져 있던 나를 떠올리는, 희망을 상실한 통곡이었다. 나는 순간적으로 온몸이 아파 왔다.

그가 우리 인기척을 들었는지 고개를 들었다. 그리고 깜짝 놀라는 표정을 지었다. 순간적으로 나는 그가 달아나든지 우리를 공격할 거라고 생각했지만, 존스는 그에게 손을 내밀었다. 그가 존스의 손을 잡았다.

"올라오게, 젊은이. 환한 데로 가세."

나는 그때가 떠올랐다. 30년 전 존스가 내게 했던 말과 조금도 다르지 않았다. '환한 데로 가세.' 하지만 이번에는 그 말의 의미가 내게는 다르게 들렸다. 저 젊은이가 자신의 삶을 완전히 바꿔 놓을 말을 정확히 들었을지 궁금했다.

그는 울먹이면서 발을 질질 끌며 걸었다. 크게 기침을 하고, 팔로 콧물을 닦아 냈다. 검은 머리카락은 길고 헝클어졌지만 깨끗한 편이었다. 나는 '호텔 수영장에서 샤워를 했군' 하고 생각했다. 그는 열아홉이나 스무 살쯤으로 보였고, 몸은 말랐지만 단단해 보였다. 어느새 주변이 어둑해졌지만, 햇살에 검게 그을린 피부를 확인할 수 있었다.

존스가 물었다.

"뭐 때문에 그렇게 우는가?"

그는 존스의 질문에는 대답하지 않고 코를 훌쩍이며 물었다.

"저 지금 체포되나요?"

존스는 나를 돌아보며 말했다.

"자네는 '당신은 나한테서 뭘 빼앗을 겁니까?'라고 물었었지? 그것만큼이나 바보 같은 질문이군."

존스는 다시 젊은이를 쳐다보며 물었다.

"저 뒤에 있는 아이스박스에 든 훔친 음료수…… 달빛을 빌려 남의 별장에 몰래 들어간 일 말고 자네가 잡혀가야 할 다른 이유가 있나?"

젊은이가 고개를 저었다.

"그럼 됐네. 제이슨, 나를 겁낼 이유는 없잖나. 이렇게 늙었는데. 설마 자네가 나한테 뭘 빼앗을 생각은 아니겠지?"

이렇게 말하고 존스는 권투 선수처럼 두 팔을 약간 치켜들고 앞으로 쭉쭉 주먹을 뻗어 보였다.

젊은이는 존스를 보고 자기도 모르게 슬쩍 웃었다. 그러나 곧 미소를 지워 내고 물었다.

"제 이름은 어떻게 아셨습니까? 할아버지는 누구시죠?"

"나는 존스라고 하네. '씨'는 빼고 그냥 존스라고 부르게. 여기 이 친구는 앤디."

이렇게 말하며 존스는 눈짓으로 자기 어깨너머에 있는 나를 가리켰다.

"제 이름은 어떻게 아셨냐고요?"

"별로 어려운 것도 아니지. 오래전부터 자네를 지켜봐 왔으니까."

'그때 내게 말했던 것과 똑같아……'

존스는 생각에 빠진 나를 아랑곳하지 않고 계속 말했다.

"자네가 저기 숨겨 둔 콜라를 우리에게 하나씩 준다면, 바로 시작할 수 있을 텐데."

하지만 제이슨은 꼼짝하지 않았다. 오히려 도전적인 목소리로 물었다.

"뭘 시작한다는 말입니까?"

"주변의 것들을 눈여겨보는 것부터 시작해야 하네. 자네 마음도 점검해 보고, 작은 가능성이라도 찾아봐야지."

제이슨은 여전히 경계심을 풀지 않고 대꾸했다.

"무슨 말을 하는지 모르겠어요."

존스는 나를 향해 눈을 찡긋해 보이고는 제이슨에게 말했다.

"나는 관찰자라고 할 수 있네. 하늘에서 물려받은 특별한 재능이지. 다른 사람들이 노래를 잘 하거나 빨리 뛸 수 있다면, 나는 다른 사람들이 못 보고 넘어가는 걸 볼 수 있네. 자네도 알겠지만, 사람들은 대부분 눈앞에 있는 것만 보지 않나."

존스는 고개를 뒤로 젖히며 덧붙여 말했다.

"나는 어떤 사람, 어떤 상황에서나 가능성을 찾아낸다네. 대부분의 사람에게는 그런 눈, 넓게 보는 눈이 부족하지. 그래서 나는 사람들이 그런 눈을 갖게 도와주지. 그들이 기운을 되찾고 제대로 숨 쉬며 삶을 다시 시작할 수 있도록 말이야."

제이슨은 존스를 뚫어지게 쳐다보았다. 잠시 후, 그는 어둠속으로 들어가 콜라 세 캔을 갖고 돌아왔다. 하나는 그가 갖고, 다른 하나는 존스에게 건네주었다. 마지막 하나는 내게 휙 던졌다. 나는 캔을 받아들고, 그의 눈을 쏘아보았다. 그가 필요 이상으로 세게 던졌기 때문이었다. 나는 '상당히 공격적이군. 화가 많이 났어. 그래, 내가 그 기분 알지'라고 생각했다. 제이슨의 그런 반항적 태도를 못 봤을 리 없지만 존스는 아무 말도 하지 않았다.

"콜라 고맙네."

이렇게 말하고 존스는 나를 돌아보며 장난스레 말했다.

"자네 반사 신경도 대단하구먼."

나는 콜라를 제이슨에게 되던지고 싶었지만, 존스에게 고개를 끄덕이며 굳은 미소를 지어 보였다. 존스가 제이슨에게 말했다.

"그래…… 가족이 없나 보지?"

"그건 또 어떻게 아셨어요?"

존스는 '누구나 아는 일'이라 말하듯이 어깨를 으쓱해 보였다. 제이슨이 나를 힐끗 보았을 때, 나는 모르는 일이란 눈짓을 해 보였다. 모두가 아는 일은 아니었다.

제이슨이 다시 말했다.

"죽었고, 쪼개졌습니다. 어느 쪽이든 상관없습니다."

존스는 그 대답을 잠시 생각하더니 고개를 끄덕였다.

"지금 자네 기분은 나도 안쓰럽지만, 미래를 생각하면 자네 말이 맞네. 어느 쪽이든 상관없지."

존스의 대답에 제이슨은 화를 버럭 내며 소리쳤다.

"대체 뭐 하자는 거죠?"

존스는 짐짓 순진하게 대답했다.

"아, 아무것도 아니네. 그냥 나도 자네처럼 생각한다고 말한 거네. 과거는 중요하지 않다, 하지만 미래는 선택할 수 있다. 나는 자네가 그런 뜻으로 말한 거라 생각했는데."

제이슨은 대답하지 않았다. 나는 웃음을 터뜨릴 뻔했다. 존스가 놓은 덫에 제이슨이 완전히 걸려들었고, 제이슨도 그걸 알아차린 듯했다. 하지만 내가 옛날에 그랬던 것처럼, 제이슨도 자신의 상황을 처절하게 늘어놓으며 최후의 저항을 시도했다.

"전 희망이라곤 없는 놈입니다. 점점 나빠지기만 하고요. 그러니까 참견하지 마시고, 그냥 절 내버려 두세요, 아시겠어요?"

존스가 고개를 설레설레 저으며 말했다.

"그럴 순 없지. 미안하지만 내가 아는데 그냥 내버려 둘 수는 없어."

제이슨이 퉁명스레 쏘아붙였다.

"뭐라고요?"

그 퉁명스런 태도에 나는 은근히 부아가 치밀었다. 존스는 내가 화난 걸 눈치챘는지, 제이슨에게 책망하는 미소를 지어 보이며 말했다.

"'뭐라고요?'라고 따지듯 반문하는 것보다 '예?'라고 말했으면 훨씬 나았을 텐데. 하지만 이 문제는 나중에 다시 다루지. 먼저 따져 볼 게 있으니까. 방금 자네 삶이 점점 나빠지기만 한다고 말했지? 자네는 대수롭지 않게 말했겠지만, 안타깝게도 그건 부인할 수 없는 사실이란 걸 지적하고 싶군."

제이슨이 물었다.

"뭐가 사실이란 거예요!"

"자네 삶이 정말로 점점 나빠지기만 한다는 것. 분명한 사실이잖나? 주머니 사정은 물론이고 몸도 마음도 점점 나빠지고 있으니까."

제이슨이 코웃음치며 말했다.

"전 그렇게 생각 안 해요."

존스가 짐짓 믿지 못하겠다는 듯 말했다.

"그래? 자네가 말하면 맞는 말이고, 내가 다시 말하면 틀린 말이 되는가 보지?"

제이슨은 존스의 반박에 대답하지 못했다. 입을 꼭 다물고 있을 뿐이었다. 내가 보기에도 존스는 제이슨에게 대단한 인내심을 베풀고 있었다. 나는 존스가 '점점 나빠진다'는 말을 꼬투리로 삼아, 얘기를 어떻게 끌고 갈지 짐작할 수 있었다.

존스는 깊게 숨을 내쉬고 제이슨에게 말했다.

"그럼 '기회와 격려는 다른 사람에게서 얻는 것'이라는 말에는 동의하나?"

제이슨은 곧바로 대답하지 않았다. 한참 후에야 느릿하게 말했다.

"무슨 말인지 모르겠어요."

존스는 다른 식으로 물었다.

"더 나은 삶, 경제적으로도 윤택한 삶을 누릴 기회는 다른 사람이 주는 거라는, 즉 격려는 말로든 글로든 다른 사람이 주는 거라는 말을 믿느냐는 말일세."

"그럴 것 같기는 하네요."

존스가 나무라듯 말했다.

"그럴 것 같은 게 아니야. 우리 삶에서 기회와 격려는 다른 사람이 주는 거라는 말을 믿나, 안 믿나?"

"믿습니다."

"됐네. 이제부터 더 구체적으로 생각하세. 자네 삶이 점점 나빠지는 게 사실이라면, 그건 자네에게 기회와 격려가 없기 때문이 아닐까?"

"예, 그런 것 같아요. 아니, 그렇습니다."

"그럼, 기회와 격려는 다른 사람이 주는 거라는 걸 알면서 왜 자네 몫의 기회와 격려를 포기하려는 건가?"

제이슨이 어리둥절한 표정으로 말했다.

"무슨 말씀이세요? 자세히 설명해 주세요."

"그래. 자네는 주변 사람들이 아주 단순한 이유로 나눠 주는 기회와 격려마저 거부하고 있지 않나? 그래서야 누가 자네 곁에 있고 싶어 하겠나."

그 말이 떨어지기 무섭게, 나는 존스의 앞으로 달려가 곧 닥칠 공격에서 존스를 지킬 만반의 태세를 갖추었다. 그러나 제이슨은 입을 꼭 다물고 고개를 푹 숙였다. 잠시 후, 고개를 번쩍 들고 존스를 뚫어지게 쳐다보며 말했다.

"맞습니다. 그런 것 같아요."

제이슨이 곧이어 내뱉은 말에 나는 깜짝 놀랐다.

"그럼 제가 어떻게 해야 할까요?"

"자네가 어떻게 해야 하는지 설명을 듣기 전에, 정반대의 경우를 먼저 알아야 해. 점점 더 나아지는 삶을 살아가는 사람들도 많네. 혹시 그런 사람을 알고 있나?"

제이슨은 진지한 표정으로 존스의 말에 귀를 기울였다. 나도 마찬가지였다.

"모든 면에서 원만한 삶을 살아가는 사람들 말이야. 그런 사람은 기회를 차근차근 살리고, 어떤 일에도 결코 낙담하지 않는 것처럼 보이지 않나? 그래, 그런 사람들이 있네. 기회와 격려는 다른 사람한테서 얻는 것이고, 성공한 사람은 남들보다 더 많은 기회와 격려를 얻은 사람들이라는 것을 다시 떠올려 봐. 그들은 어떻게 그렇게 할 수 있었을까?"

존스는 우리의 대답을 기다리지 않았다.

"그 이유를 말해 주지. 예컨대 돈 버는 재주가 있는 사람은 사람들을 끌어당기는 매력이 있네! 그런 사람들은 재밌을 뿐만 아니라 다른 이들에게 좋은 자극을 주곤 하지. 게다가 스스로가 매사를 즐겨서 다른 사람들이 함께 있고 싶어 하지. '인간 자석'인 셈이야. 그런 사람은 당연히 훨씬 많은 기회를 얻고 격려를 받는다네. 자네보다!"

나는 다시 제이슨의 공격을 막을 준비를 갖추었다. 내 몸을 던져서라도 존스를 보호하려 했다. 그러나 제이슨의 반응에 나는 다시 놀라지 않을 수 없었다.

"알겠어요. 하지만 제가 어떻게 하면 그런 사람이 될 수 있을까요?"

"간단하네. 자네도 다른 사람들이 함께 있고 싶어 하는 사람이 되어야 하네! 그게 최고의 성공 비결이야. 남들이 함께 있고 싶어 하는 사람은 세상의 꼬리를 쥔 것이나 마찬가지네. 그런 사람은 어떤 실력자라도 만날 수 있네. 왜냐고? 실력자의 심복에게 사랑받고 높게 평가받을 테니까. 그런 사람은 탁월한 영업 실적을 올릴 테고, 따라서 승진도 빠르겠지. 여기저기에서 도움을 받아 시간적 여유도 있는 데다, 보수도 높을 거야. 물론 기회도 많고, 어떤 일을 해도 호의적인 평가를 받지. 왜? 모두가 그를 좋아하니까."

제이슨이 말했다.

"바보같이 들리시겠지만, 어떻게 해야 제가 그런 사람이 될 수 있을까요? 할아버지가 왜 저를 찾아왔는지 모르겠지만, 아무튼 저는 할아버지의 말을 믿습니다. 어떻게 해야 제가 그런 사람이 될 수 있나요? 어떻게 하면 제가 변할 수 있을까요? 무엇을 어떻게 바꿔야 할까요?"

존스가 몸을 앞으로 숙였다. 나도 그대로 따라했다. 존스의 말을 한마디도 놓치고 싶지 않았다. 존스는 예전에 내게 주었던 지혜를 제이슨에게도 알려 주려는 것이다. 내 삶을 완전히 바꿔 놓은 그 지혜를 말이다!

"제이슨, '사람들이 내게서 무엇을 바꿔 놓고 싶어 할까?'라고 틈나는 대로 스스로에게 묻게. 자기반성을 돕는 아주 중요한 질문이네. 제이슨, 사람들이 자네의 무엇을 바꿔 놓고 싶을까?"

제이슨은 존스의 질문을 그대로 되뇌었다.

"사람들이 내게서 무엇을 바꿔 놓고 싶어 하겠냐고요?"

그리고 이맛살을 찌푸리며 물었다.

"그 대답을 알아도…… 만약 제가 그걸 바꾸고 싶지 않으면 어떻게 하죠?"

존스가 웃으면서 말했다.

"허허, 잘못 알았구먼. 나는 그렇게 묻지 않았는데. 나는 그저 '사람들이 내게서 무엇을 바꿔 놓고 싶을까?'라고 물었네."

존스의 표정이 한층 진지해졌다.

"사람들이 자네를 믿길 바라나? 그럼, 사람들이 자네를 좋아하면 훨씬 도움이 되겠지. 따라서 가능한 한 많은 부분에서 자네 자신을 점검해 보게. 예컨대 내가 입는 옷에서 남들이 바꿔 놓고 싶은 게 무엇일까? 내가 하는 행동에서 남들이 바꿔 놓고 싶은 게 무엇일까? 내 어투에서 남들이 바꿔 놓고 싶은 건 무엇일까? 내 말뜻을 알겠나?"

"알겠습니다. 그래서 제가 말하는 방식에서 조금 전에 '예?'가 더 나았다고 말씀하셨던 겁니까?"

"그렇네. '예'와 '예, 선생님'은 둘 다 틀린 대답이 아니네. '아닙니다'와 '아닙니다, 선생님'도 마찬가지고. 그렇지?"

"그렇습니다."

"하지만 한 가지 차이가 있네. 결국 자네가 선택할 문제지만, 연구에 따르면, 대다수의 사람은 두 대답에서 별 차이를 느끼지 않는다더군. 하지만 상당수, 대략 말하면 약 20퍼센트는 '선생님'이 덧붙여진 대답을 훨씬 정중한 표현으로 받아들이네. 내가 말하려는 요점도 여기에 있네. 자네가 정말로 다른 사람들이 함께 있고 싶어 하는 사람이 되려면, 그 20퍼센트까지 자네편에 끌어들이는 편이 낫지 않겠나? 이건 그냥 한 가지 예시에 불과하네."

존스는 계속 말을 이었다.

"다른 예를 들어 볼까? 대화 중 간혹 튀어나오는 욕을 아무렇지도 않게 생각하는 사람들이 있는 반면에, 어떤 욕도 듣고 싶어 하지 않은 사람도 있네. 지금 자네는 욕을 나쁠 게 없다고 생각할지 모르지만, 남들이 함께 있고 싶어 하는 사람이 되려면 지금부터라도 삶의 기준을 되도록 높게 세워야 할 거네."

제이슨이 빙긋이 웃으며 대답했다.

"알겠습니다. 무슨 뜻인지 알 것 같아요."

"물론 그래야지. 제이슨, 자네 앞에는 무궁무진한 미래가 펼쳐져 있네. 언젠가 자네는 과거를 돌이켜 보며, 지금 같은 '최악의 시간'이 있었던 것을 행운이었다고 생각할 거네. 말하자면, 최악의 시간도 나름대로 가치를 가지기에, 뒤돌아보면 자네에게 이 시기가 '가장 보람 있던 시간'이 될 수 있는 거야. 제이슨, 자네도 이 세상에서 변화를 이루어 낼 수 있어. 그걸 자네 운명이라고 생각하게. 내 말 이해하겠나?"

제이슨은 진지하게 대답했다.

"예, 알겠습니다. 저도 변하고 싶습니다."

존스가 고개를 끄덕이며 말했다.

"그래, 자네도 얼마든지 변할 수 있네. 어떻게 변할 건지는 전적으로 자네에게 달려 있네. 내 생각엔 자네가 엄청난 변화를 이뤄 낼 것 같은데!"

이렇게 말하며 존스는 제이슨의 손을 잡았다.

"이제 떠날 시간이 된 것 같군."

존스는 낡은 여행 가방을 열고 물었다.

"자네에게 줄 게 있네. 책은 읽나?"

"예."

그러나 제이슨은 싱긋 웃으며 고쳐 말했다.

"예, 할아버지. 책은 가끔 읽습니다."

존스도 미소로 답했다. 그러곤 혼잣말처럼 "다행이군" 하고 중얼거리며, 여행 가방에서 오렌지색 표지로 장정된 조그만 책 세 권을 꺼냈다. 나는 그것들이 내 기억 속 책들인지 훔쳐보았다. 그랬다! 조금 더 낡았지만 옛날에 존스가 내게 줬던 바로 그 '윈스턴 처칠' '윌 로저스' '조지 워싱턴 카버' 책들이었다.

잠시 후 나는 방파제에서 내려왔다. 존스를 처음 만났던 때처럼 가슴이 두근거렸다. 제이슨에게 달려가, 존스와 함께한 그 시간이 얼마나 큰 행운인지 말해 주고 싶었다. 그가 존스의 말을 믿고 실천하면 인생이 어떻게 바뀌는지 말하고 싶었다. 솔직히 나는 거금을 주고라도 그 세 권의 책을 내 것으로 만들어, 사무실 책상 한쪽에 전시해 두고 싶었다. 그러나 나는 그 책들이 또 다른 젊은이들의 손에 있을 때, 그들의 마음과 머리에 스며들 때 훨씬 더 큰 가치를 갖는다는 걸 알고 있었다.

나는 앞만 보고 걸었다. 방향을 바꿀 쯤에야 존스가 따라오고 있지 않다는 걸 알았다. 그래서 존스가 깜빡 잊고 못 알려준 걸 제이슨에게 말해 주려고 돌아간 것이라 생각하고, 존스의 목소리를 찾아 귀를 바싹 세웠다. 그러나 존스의 목소리는 어디에서도 들리지 않았다. 잠시 후, 존스가 방파제 반대편에서 나를 기다리나 생각하며 그쪽을 둘러보았다. 거기에도 존스는 없었다. 나는 그때서야 고개를 설레설레 저으며 빙긋이 웃었다. 아니, 시원하게 소리쳐 웃었다. 그러고는 내 차로 돌아갔다. 며칠 후면, 아니 적어도 일주일 후에는 그를 만날 수 있을 거라고 생각했다. 내가 짐작하는 그곳에, 그 시간에 언제든 다시 나타날 거라고 생각했다.

이튿날 아침, 나는 내 친구 존스가 영원히 떠났다는 소식을 듣고 말았다.

오렌지비치에 홀로 남겨진 낡은 여행 가방

아침 8시 14분, 전화벨이 요란하게 울렸다. 새벽까지 일한 탓에 나는 그때까지 침대에서 곤히 자고 있었다. 폴리는 한참 전에 일어나 아이들과 실랑이하고 있었다. 전화벨이 두 번쯤 울렸을 때 폴리가 전화를 받았고, 나는 다시 잠에 빠져들 참이었다. 그러나 폴리는 전화기를 들고 달려와 나를 흔들어 깨웠다.

"여보!"

나는 눈을 억지로 뜨며 웅얼거렸다.

"왜요?"

폴리가 다시 나를 흔들었다.

"여보, 일어나요. '팩 앤 메일' 테드예요. 엄청 당황한 것 같아요. 당신하고 통화하고 싶대요."

나는 얼굴을 찌푸리며 정신을 차리려고 애썼다.

"지금 몇 시예요?"

"8시 15분."

"알았어요."

폴리는 내게 전화기를 건네주고는 곁을 지키고 서 있었다. 나는 팔꿈치를 대고 엎드려 폴리의 얼굴을 바라보며 전화기에 대고 말했다.

"테드, 무슨 일이야?"

"앤디, 깨워서 미안하네."

"아니야, 일어날 시간이었어. 그런데 무슨 일인가?"

"누구한테 알려야 할지를 몰라서…… 경찰에 전화하고 싶지는 않았거든……."

정신이 번쩍 들었다. 잠이 확 달아났다. 나는 벌떡 일어나 앉아 물었다.

"테드, 뭐가 잘못됐나?"

"아무 일 아닐 수도 있는데……."

"테드!"

"오늘 아침에 주차장에서 존스의 여행 가방을 봤어. 가방만 주차장 한가운데 덩그러니 있더라고. 그런데 존스는 어디에도 보이지 않아."

말문이 막혔다. 오만 가지 생각이 한꺼번에 머리를 스쳤다. 존스가 다친 걸까? 가방을 잠깐 잊었나? 누군가 가방을 훔쳤다가 거기에 놨나? 테드 말대로 그게 존스의 가방은 확실할까?

내가 물었다.

"가방은 가져왔나?"

테드가 머뭇거리며 대답했다.

"아니. 아직 문을 연 가게도 없어. 그래서 차도 많지 않고……가방을 섣불리 만지고 싶지도 않아. 내가 가방을 챙겨 둘까?"

"그냥 놔두게. 내가 금방 갈게."

나는 폴리에게 자초지종을 서둘러 말하고, 우리 동네에서는 반바지와 마찬가지인 수영복 바지와 티셔츠를 급히 주워 입었다. 그리고 재빨리 이를 닦고 폴리와 아이들에게 입맞춤하고는 자동차로 뛰어갔다.

해변은 자동차로 7~8분 거리밖에 되지 않았다. 주차장에 들어서자, 이미 적잖은 사람들이 여행 가방 주위에 모여 있었다. 테드 말이 맞았다. 주차장에 차는 별로 없었고, 대부분이 아침 일찍 일하러 나온 사람들이었다.

나는 사람들이 모인 곳에 차를 바싹 주차하고 뛰쳐나왔다. 테드는 여행 가방 옆에 서 있었다. 주차장 건너편의 '윈 딕시'에서 일하는 수전과 클레이도 있었다. 제니와 에이브러햄도 커피숍의 앨과 나란히 서 있었다. 내가 다가가자, 모두의 시선이 나를 향했다. 그러나 누구도 내게 말을 건네지 않았다. 인사조차 하지 않았다.

나는 테드 옆에서 그를 잠시 바라보았다. 뭔가 반응을 보여주길 바랐지만 그는 멍하니 서 있을 뿐이었다. 나는 여행 가방 옆에 한쪽 무릎을 꿇고 앉아 물었다.

"가방을 만진 사람 있어요?"

모두가 이구동성으로 대답했다.

"아니요, 없어요."

아무도 가방을 건드리지 않았다는 뜻이었다. 충분히 이해할 수 있었다. 나도 가방을 건드리고 싶지 않았으니까. 하지만 이상했다. 정말 이상했다! 우리 모두가 그 가방을 수없이 보았고, 수없이 화제에 올리지 않았던가. 또 존스가 누구에게도 가방을 들게 하지 않았으며, 그가 가방을 열 때는 아무도 그 안을 훔쳐보지 못하게 한 것을 이상하게 생각하기도 했었다. 한데 그 가방이 우리 앞에 덩그러니 놓여 있는데도 누구도 먼저 가방을 만지려 하지 않았다.

가방은 낡았지만 반들반들 윤기마저 감돌았다. 정말 오래된 물건만이 보여 줄 수 있는 모습이었다. 처음엔 암갈색이었지만 원래의 색은 어느덧 사라지고 짙은 황갈색을 띠었다. 곳곳에 눈에 띄는 작은 균열이 존스의 피부를 떠올리게 했다. 가방은 존스와 꼭 닮아 있었다. 세월이 갈수록 더욱 부드러우면서도 강해진 존스를⋯⋯.

나는 가방에 천천히 손을 올려놓고 그대로 있었다. 잠시 후, 손을 떼고 고개를 들었다. 어느새 더 많은 사람이 모여들었다. 약국의 톰과 베키, 네일숍의 여직원들, 낚시 가게에서 일하는 청년들까지 나와서 우리를 지켜보고 있었다. 소문이 퍼지고 있었다. 나는 고개를 들고 물었다.

"가방을 안으로 옮겨야겠지요?"

모두가 고개를 끄덕였다.

나는 허리를 펴고 일어나 테드를 쳐다보았다. 테드는 뒤로 물러서며 말했다.

"자네가 옮겨."

결국 내가 존스의 여행 가방을 집어 들었다. 텅 빈 것처럼 무척 가벼웠다. 거의 스무 명에 달한 우리는 무리를 지어 주차장 건너편에 있는 커피숍으로 들어갔다. 나는 가게 한가운데를 차지한 테이블에 가방을 조심스레 뉘었다. 주차장에 모여 있던 사람들 모두가 따라와 엉거주춤 서 있었다. 앨이 커피를 끓이기 시작하자, 사람들은 하나둘씩 가방을 중심으로 여러 테이블에 흩어져 앉았다.

클레이가 혼잣말처럼 중얼거렸다.

"존스가 오기 전에는 이혼하는 집이 꽤 있었는데."

우리 모두가 클레이를 쳐다보았다. 그러자 클레이는 쑥스러운 듯 뒤를 돌아보며 말했다.

"그런 생각이 문득 들었어요."

수전이 나를 쳐다보며 물었다.

"존스는 괜찮겠죠? 혹시 어디서 다치신 건 아니겠죠?"

나는 솔직하게 대답했다.

"모르겠어요. 그렇지 않기를 바랄 뿐입니다. 다치진 않았을 거예요. 존스가 어떤 분인지 다들 아시잖아요. 갑자기 나타났다 사라지시잖아요. 언제 어디로 가실지 아무도 모르고요."

그러나 나는 나지막이 덧붙였다.

"하지만 이 가방은 언제나 갖고 다니셨는데."

모두의 시선이 낡은 여행 가방으로 향했다.

그때 커피숍 문이 열리면서, 여러 사람이 우르르 몰려 들어왔다. 로버트 크래프트, 배리와 잰 부부도 있었다. 로버트가 의자를 끌어당겨 내 옆에 앉으면서 나지막이 물었다.

"소문 들었네. 무슨 소식이라도 있나?"

나는 고개를 저었다.

앨이 도넛을 담은 커다란 접시를 테이블마다 돌렸고, 커피까지 따라 주었다. 그 후로도 몇 분 간격으로 사람들이 계속 모여들었고, 모두가 불안한 표정으로 커피를 홀짝였다. 도넛 냄새가 맛있게 풍겼지만 아무도 선뜻 손을 대지 못하고 있었다.

그때 문득 어떤 생각이 떠올라 내가 물었다.

"잠깐만, 궁금한 게 있는데…… 혹시 존스가 밤에 어디서 주무시는지 아는 사람 있습니까? 어디서 지내시죠? 존스 어르신과 밤을 함께 보내신 분이 있습니까?"

모두가 나를 멍하니 쳐다봤다. 나는 한숨을 내쉬었다.

"그랬군요. 내 생각엔……."

테드가 말했다.

"작은 단서라도 있으면 내가 바로 찾아 나설 텐데."

앨런이 말했다.

"존스 할아버지는 전에도 행방을 감춰서, 우리가 한동안 못

본 적이 많지 않나요?"

우리 모두가 그를 쳐다보자, 앨런은 어깨를 으쓱해 보이고는 덧붙였다.

"아참, 그랬죠. 저 가방은 항상 갖고 다니셨죠."

나는 가방을 테이블에 올려놓은 후로 다시 만지지 않았다. 누구도 가방에 손대지 않았다.

다시 문이 열렸다. 방파제에서 봤던 제이슨이었다. 낚싯배 선장 둘도 함께 들어왔다. 내가 고갯짓을 하자, 제이슨도 남의 눈을 의식했는지 내게 살짝 손을 흔들어 보였다.

그때 누군가 넌지시 말을 흘렸다.

"존스가 어디에서 왔는지 아는 사람도 없지 않나요?"

그랬다. 아무도 몰랐다.

제이크 코너가 말했다.

"난 내 인생은 끝났다고 생각했을 때 존스를 만났습니다. 다들 내가 파산 직전에 몰렸던 건 아실 겁니다."

모두의 얼굴이 카페 구석에 앉은 제이크 코너에게로 향했다. 제이크 코너가 파산 지경까지 갔었다고? 금시초문이었다. 카페에 모인 사람들 대부분이 어리둥절한 표정이었다. 제이크는 오렌지비치에서 가장 부유한 사람 중 하나였다. 또 항간에 떠도는 소문으로는 한때 가장 인색한 사람이기도 했다. 그러나 제이크는 수년 전에 갑자기 변했고, 완전히 새로운 사람이 되었는데 아무도 그 이유를 몰랐다. 마침내 그가 변한 이유가 밝혀질 것 같은 분위기였다.

제이크가 얘기를 시작했다.

"이 얘기는 누구에게도 말한 적이 없습니다. '내 인생은 끝났다'고 말했지만, 정확히 말하면 제가 인생을 끝장내려 했던 겁니다. 하필이면 주식이 폭락했을 때, 제가 발행한 수표의 만기가 돌아왔습니다. 돈줄이 꽉 막힌 셈이었죠. 나는 당황했고, 무섭기만 했습니다. 그래서 어느 날 저녁 '미스티 린'을 계선장에서 끌고 나와 어두운 바다로 나갔습니다."

'미스티 린'은 제이크의 26미터짜리 요트로, 오렌지비치에서 그 요트를 모르는 사람은 없었다.

"저는 갑판에 서서 이런저런 생각에 잠겼습니다. 제 자신이 한없이 불쌍했지만, 마음먹은 짓을 하려고 용기를 끌어모았습니다. 요트를 정남쪽으로 자동 조종해 놓고, 바다에 몸을 던질 생각이었어요. 그럼 기름이 떨어져서 요트가 멈추고, 누군가 요트를 발견하면 보험회사가 내 가족에게 보험금을 즉시 지불할 거라고 생각했어요. 제가 자살했다는 걸 누구도 입증할 수 없을 테니까요. 그런데……."

제이크가 침묵으로 빠져들었다. 제이크의 눈은 기억 속 한 점을 보고 있는 듯했다. 우리 눈에는 보이지 않는 점이었다. 아니, 우리 중 누구도 보고 싶지 않은 점이었다.

로저 카이저가 침묵을 깨며 나지막이 말했다.

"제이크, 그런데 왜 그렇게 하지 않았습니까?"

제이크는 로저를 돌아보며, 그 자신도 믿기지 않는다는 듯이 희미한 미소를 지었다.

"존스가 내 어깨를 잡고는 그러지 말라고 했습니다."

제이크는 그때를 다시 떠올리는 듯 천천히 말했다.

"여하튼 집사람은 보험금을 탈 뻔했지요. 존스가 나를 잡았을 때 너무 놀라서 심장발작을 일으키는 줄 알았으니까요. 그런데 이상하지요. 지금도 믿기지 않습니다. 부두를 떠날 때 요트에는 아무도 없었습니다. 존스는 분명히 없었다고요. 그날 밤 이후로 수백 번은 생각해 봤지만 존스는 분명히 없었습니다. 제가 자살을 생각하긴 했지만 정신은 멀쩡했으니까요."

로저가 조심스레 말했다.

"요트가 크고 선실도 많을 텐데요."

제이크가 숨을 길게 내쉬고 말했다.

"그렇긴 합니다. 여러분이 믿고 싶은 대로 믿어도 상관없습니다. 제가 말씀드리고 싶은 건 그날 밤 존스와 제가 밤새 얘기를 나누었다는 겁니다. 다음 날까지 계속해서. 얘기를 끝냈을 때 제가 진 빚은 그대로였지만 나는 모든 걸 새로운 눈으로 보게 됐습니다. 존스는 그게 새로운 '관점'이라 하더군요. 나는 다시 일어설 수 있었습니다. 모든 빚을 갚았고, 새로운 사람이 됐습니다. 그 후로 쭉 존스를 만나지 못하다가 6주, 아니 7주 전에야 그를 보았습니다."

나는 머릿속으로 재빨리 계산해 보았다. 그랬다, 존스는 몇 주 전에야 우리 지역을 다시 찾았던 것이었다.

"여러분, 모두가 해리슨을 알 겁니다……."

모두의 얼굴이 벽에 붙은 책꽂이 옆에서 들려오는 목소리 쪽을 향했다. 60대 초반의 낸시 카펜터였다. 은행에서 일하는 낸시는 마을 봉사활동에도 적극적으로 참여했다. 유언 검인판사이던 그녀의 남편 해리슨은 오랫동안 폐암에 시달린 끝에, 몇 년 전에 세상을 떠났다. 커피숍에 모인 사람들 대부분이 해리슨 카펜터를 알고 있었다.

낸시가 일어나 말했다.

"해리슨은 3년 전에 죽었어요. 다음 달이면 정확히 3년이 되네요."

낸시의 목소리가 갈라졌다. 낸시는 잠시 말을 멈추고 마음을 진정시켰다.

"오늘 아침에 둘러보니까 해리슨의 장례식 전날 함께 밤을 새워 준 분들도 보이더군요. 그런데 아무도 '그 일'에 대해 제게 묻지 않네요. 예의상 그러셨겠지요. 하지만 왜 해리슨이 손에 포크를 쥐고 묻혔는지 궁금한 사람이 많을 거예요. 그걸 눈여겨보지 않았다면 모르겠지만."

그걸 눈여겨보지 않았다면? 저 아주머니가 농담을 하나? 동네 사람들이 한 달 내내 그 얘기만 했는데! 지난 3년간 장례식이 있을 때마다 "손에 포크를 쥐고 관에 누워 있던 사람을 기억하나?"라는 말이 오갔다. 그러나 낸시 말대로 누구도 그 이유를 묻지 않았다. 우리는 해리슨을 좋아했고, 낸시를 사랑했다. 그래서 이유를 묻는 건 예의가 아니라고 생각했다. 그런데 이제 그 이유가 밝혀질 참이었다!

낸시는 제이크를 쳐다보며 말문을 열었다.

"제이크처럼 나도 이 얘기를 누구에게도 하지 않았어요."

그리고 낸시는 긴 한숨을 내쉬었다.

"여러분도 아시겠지만 해리슨은 오랫동안 병마에 시달리다

가 저세상으로 갔어요. 육체적으로도 힘들었지만 정신적으로
도 많이 힘들었어요. 우린 각방을 썼어요. 38년의 결혼 생활 동
안 그런 일이 없었지만, 약 때문에 해리슨이 거의 잠을 못 잤거
든요. 게다가 계속 기침을 해서 우리는 각방을 써야 했어요."

　낸시는 머릿속에 맴도는 기억과 생각에 잠겨 말을 멈추었다.
하지만 잠시 후, 갑자기 몽상에서 깨어나듯 소리쳤다.

　"아차, 제가 무슨 말을 하고 있었죠? 아, 그이는 힘들게 병마
와 싸웠어요. 죽는 걸 두려워하기도 했고요. 물론 나도 그랬고
요. 하기야 죽는 게 무섭지 않은 사람이 어디 있겠어요? 해리슨
은 시도 때도 없이 울기 시작했고, 침대에서 나오지 못하는 지
경에 이르렀지요. 저도 무척 울었어요. 해리슨이 세상을 떠나기
몇 주 전이었을 거예요. 남편이 웃는 소리에 전 한밤중에 잠에
서 깼어요. 그런데 방에서 다른 사람 목소리가 들리더군요. 해
리슨의 방에서요. 처음엔 해리슨이 텔레비전을 보고 있다고 생
각했죠. 그리고 잠시 후 내가 직접 확인하러 갔지요."

　그때 낸시의 턱이 약간 위로 움찔거렸다. 중대한 선언이라도
할 내세였다.

　"나는 방을 몰래 들여다봤어요. 존스가 그이와 함께 있더군
요. 물론 그때는 그 할아버지가 존스인 줄 몰랐어요. 나한테는

그저 우리 집에 몰래 들어온 노인으로만 보였어요. 온몸이 떨리고 무서웠어요. 그래서 곧장 달려가 문들을 살펴봤어요. 그런데 모든 문이 잠겨 있고 잠금 막대까지 걸려 있었어요. 경찰에 신고하려고 했지만 전화마저 먹통이었어요. 그래서 휴대폰으로 걸려고 했는데 휴대폰도 먹통이었어요. 나중에야 해리슨이 노인을 들여보낸 거라고 생각하긴 했지만, 해리슨은 며칠째 침대에서 혼자 나오지도 못했거든요. 그래서 그럴 가능성도 없다고 생각했는데……"

커피숍에 모인 사람 중 누구도 입을 열지 않았다. 모두가 적막에 잠겼다. 커피숍에 새로 들어오는 사람들까지 소리를 내지 않고 조용히 빈자리에 끼어 앉았다.

"결국 저는 해리슨의 방에 들어갔어요. 존스가 자신을 소개하며, 자기는 해리슨의 친구라고 말하더군요. 해리슨도 그렇게 말했고요. 해리슨이 그 노인을 가장 친한 친구라고 말했지만, 우리 둘 다 처음 보는 사람인 건 확실했어요. 그런데 해리슨은 의외로 차분해 보였어요. 아니, 행복해 보였어요. 그래서 저도 구석에 의자를 갖다 놓고 앉아 노인의 얘기를 들었어요."

낸시가 말을 이었다.

"해리슨과 존스는 많은 얘기를 나누었어요. 마침내 존스가 해리슨의 어머니 얘기를 꺼냈어요. 그분은 우리가 결혼하기 전에 돌아가셨죠. 저는 한 번도 뵌 적이 없었지만 얘기를 많이 들었어요. 해리슨은 어머니를 무척 사랑했어요. '해리슨, 기억하나? 자네 어머니가 추수감사절이나 크리스마스에 어떻게 음식을 준비했는지?' 존스가 그렇게 묻자, 남편이 눈을 감고 빙그레 미소를 짓더군요. 남편이 그렇게 행복해하는 모습은 정말 오랜만에 본 거예요. 존스의 목소리가 남편의 마음을 달래 주고 편하게 만들어 줬어요."

낸시는 잠시 말을 멈췄다가 이야기를 이어 갔다.

"또 존스는 이렇게도 물었어요. '해리슨? 자네 어머니가 어떤 요리를 했는지 기억하나? 햄, 칠면조, 고구마, 롤 빵, 완두콩, 우유를 넣은 옥수수 수프, 덩굴월귤 소스, 젤리를 넣은 샐러드도 있었지?' 그때 저는 그들에게 바싹 다가갔지요. 존스는 점점 조그맣게 얘기하더라고요. '하지만 자네 어머니가 만든 디저트는 누구나 좋아했지. 그렇지, 해리슨? 자네 어머니는 정말 맛있는 디저트를 만드셨어. 피칸 파이, 코코넛 케이크, 작은 사과 파이, 슈거 쿠키도 기억나겠지? 근데 자네 어머니가 식탁을 치우면서 항상 하던 말을 기억하나? 디저트를 먹기 직전에 말이야. 접시를 치우시면서 〈포크는 들고 있거라. 끝내주는 게 아직 남았으니까!〉라고 말씀하시지 않았는가.'"

낸시의 얼굴에 눈물이 흘러내렸다. 그러나 꿋꿋하게 얘기를 계속했다.

"좀 전에 말했듯이, 이 얘기는 지금까지 누구에게도 하지 않았어요. 존스는 떠나기 전에 남편의 머리에 입을 맞추고 '해리슨, 무서워할 필요가 없네. 포크를 꼭 쥐고 있으면 돼. 끝내주는 게 아직 남았으니까'라고 말했어요."

우리는 묵묵히 낸시를 바라보았다. 낸시가 마지막으로 덧붙여 말했다.

"그 후로 쭉 존스를 보지 못하다가 몇 주 전에야 처음 봤어요. 저였어요, 해리슨이 죽었을 때 손에 포크를 쥐어 준 건. 그이가 그렇게 해 달라고 했기 때문이에요. 해리슨을 위해 그렇게 해 줄 수 있어 정말 기뻐요. 저는 지금도 믿어요. 끝내주는 건 아직 오지 않았다고."

한동안 누구도 입을 열지 않았다. 그러나 한 사람씩 얘기를 시작했다. 거의 3시간 동안 우리는 존스, 가르시아, 첸…… 이름이 뭐가 됐든 그 노인과의 인연을 털어놓았다. 낸시가 얘기하는 동안 폴리가 살그머니 들어와서는 나를 재촉하는 바람에, 나도 존스가 내게 어떤 사람이며 어떻게 그를 알게 됐는지 사람들에게 알려 주었다.

팻 심슨도 아내인 클라우디아와 함께 와 있었다. 팻은 존스를 어렸을 때 만났는데, 어느 날 밤 그가 찾아와 자신을 곤경에서 구해 주었다고 말했다. 몇몇 사람도 팻과 비슷한 얘기를 했다.

샤론 테일러는 아들 브랜든에게서 들은 이야기를 들려주었다. 지금은 열일곱 살이 된 브랜든이 3년 전 교통사고를 당했을 때였다. 브랜든은 앰뷸런스로 실려 가는 동안 자신과 계속해서 이야기를 나눠 준 어느 노인을 몇 주 전 동네에서 다시 만났다고 했다. 하지만 당시 응급구조대원들은 브랜든이 혼수상태였고, 자기들 외에는 동승자가 없었다고 말했다.

보이드 크로포드도 존스 노인과의 인연에 대해 얘기했다. 거의 10년 전, 그는 아들과 함께 한밤중에 울프 베이에서 어떤 노인을 구해 주었다. 그들은 새우 낚시를 하던 중이었는데, 하마터면 낚싯배로 그 노인을 칠 뻔했다. 그 노인이 바로 존스였고, 처음에는 그들이 노인을 구해 줬다고 생각했지만, 보이드는 "알고 보니 존스가 우리를 구해 준 거였습니다"라고 말했다.

"그때 나는 아들과 심한 일로 다투었습니다. 그래서 서로 미워하던 참이었습니다. 그러면 안 된다는 건 우리도 알았습니다. 우리 때문에 집사람이 밤낮으로 울기도 했습니다. 하지만 우리는 문제를 어떻게 풀어야 할지 몰랐습니다. 그 노인이 그날 낚싯배에서 우리에게 서로 미워하지 말라고 얘기해 주지 않았다면…… 생각만 해도 끔찍합니다. 노인이 그 얘기를 어떻게 풀어 갔는지는 자세히 기억나지 않지만, 날이 밝아 올 쯤에 아들과 저는 낚싯배를 뭍에 대고 서로 부둥켜안고 실컷 울었습니다. 그런데 정신을 차리고 돌아보니 노인은 온데간데없었습니다. 그 후로 한 번도 보지 못하다가 얼마 전에야 다시 봤습니다."

마침내 모두가 존스와 얽힌 얘기를 했다. 적어도 남들에게 밝힐 만한 얘기는 모두 한 것 같았다. 그때서야 나는 주위를 둘러보았다. 좁은 커피숍에 백 명 이상이 바싹 붙어 앉아 있었다. 그들 모두가 존스와 어떤 식으로든 관계가 있었다. 생각할수록 존스가 대단하게 느껴졌다.

솔직히 말해, 여기저기에 불쑥 나타났다가 고개를 돌리면 사라져 버리는 존스 이야기들을 어떻게 받아들일지 갈피를 잡을 수 없었다. 그러나 누구도 부인할 수 없는 사실이 있었다. 그는 언제나 곤경에 처한 사람들 앞에 나타난다는 점이다. 내 삶에서나, 그날 아침 그 여행 가방을 둘러싸고 모인 사람들 모두의 삶에서 어김없이 그랬다.

나는 다시 주위를 둘러보았다. 벌써 11시였다. 대부분이 일하는 시간을 늦추기로 작정한 듯했다. 장사를 하는 사람들도 있었다. 그들이 돌아갈 때까지는 가게 문을 열지 못한다는 뜻이었다. 또 아이들을 둔 부모들도 있었다. 아이들을 아직 학교에 데려다주지 못했다는 뜻이었다.

나는 다시 시계를 보았다. 폴리를 쳐다보며 표정으로 어떻게 하면 좋겠느냐고 물었다. 폴리는 고개를 약간 젖히며 어깨를 으쓱해 보였다. 나는 긴 한숨을 내쉬고 일어섰다.

"여기에 있는 누구도 존스에게 연락할 방법을 모릅니다. 맞지요?"

아무도 대답하지 않았다.

"이 가방을 어디로 보내야 존스가 받을 수 있는지 아시는 분 있습니까?"

역시 아무도 대답하지 않았다. 나는 조심스레 말했다.

"아무도 반대하지 않으면 이 가방을 열어 봐야 한다고 생각합니다. 잠겨 있지 않아요. 그러니 가방을 찢을 필요도 없습니다. 가방 안에 뭐가 있는지 확인해 보는 게 낫지 않을까요? 주소 같은 게 나올 수도 있으니까요."

모두가 동의했다. 그래서 나는 가방의 걸쇠를 내 쪽으로 소리 나지 않게 돌렸다. 숨소리조차 들리지 않을 만큼 조용했다.

걸쇠가 옆으로 밀려나면서 삐걱대는 소리가 적막을 깨뜨렸고, 낡은 여행 가방이 1.5센티미터쯤 열렸다.

갑자기 59센트짜리 작은 씨앗 봉지가 튀어나와 테이블 위로 툭 떨어졌다. 모두가 무엇이 떨어졌나 보려고 목을 쭉 내밀었다. 나는 봉지를 집어 들고 잠깐 살펴보았다. 그리고 모두가 볼 수 있도록 높이 들어 보였다. 카드만 한 크기로, 원예 용품을 파는 상점에서 흔히 볼 수 있는 평범한 씨앗 봉지였다. 금송화 씨앗이었다.

내가 씨앗을 살펴보는 동안, 누군가 더 자세히 보려고 다가오면서 가방이 놓여 있던 테이블에 세게 부딪쳤다. 그 바람에 가방 틈새로 씨앗 봉지 두 개가 더 밀려 나왔다. 처음 봉지와 거의 똑같았지만 하나는 토마토 씨앗이고, 다른 하나는 금어초 씨앗이었다.

나는 두 봉지를 집어 들고, 맞은편에 앉아 있던 테드에게 건네주었다. 테드가 "가방을 열어 보게"라고 말했다. 나는 가방을 열었다. 낡은 여행 가방이 두 쪽으로 나뉘며 입을 크게 벌렸다. 옛날식 가방이어서 안쪽에 칸막이는 없었다. 밝은색을 띤 종이 씨앗 봉지에서 새어 나온 씨앗들이 테이블 위로 후드득 떨어졌다. 안을 살펴보니 봉지에서 새어 나온 씨앗들이 가방 바닥에

수북이 쌓여 있었고, 그 위를 가득 채운 봉지들은 밖으로 넘칠 정도였다. 씨앗 봉지들은 테이블에 떨어지며 바닥까지 밀려 내려갔다.

나는 서둘러 봉지들을 쓸어 모았다. 호박, 국화, 오이, 물망초, 협죽도, 히더, 백일초, 오크라, 수박, 순무, 노랑 데이지, 라일락, 제라늄, 붓꽃, 초롱꽃, 머스크 멜론…… 씨앗 봉지가 수백 개는 있는 것 같았다. 가방을 가득 채울 만큼 많았고, 종류도 무척 다양했다.

모두가 어리둥절한 표정으로 나지막이 얘기를 주고받았다. 그때 데이브 윈크가 씨앗 봉지들 밑에서 하얀 작은 봉투 하나를 찾아냈다. 모두가 다시 조용해졌다. 우리 모두에게 무언의 격려를 받아가며, 데이브가 천천히 봉투를 열었다.

접힌 종이 하나를 봉투에서 꺼내 데이브가 높이 들어 보였다. 그리고 종이를 펴며 말했다.

"편지네요. 존스 할아버지가 우리에게 보낸 거예요."

데이브가 그 편지를 내게 건네주며 말했다.

"자네가 읽게. 모두가 들을 수 있게."

나는 데이브에게 편지를 받아 들고 쑥스럽게 웃었다. 어딘가에서 낄낄대고 웃는 소리가 들렸다. 하기야 내 손이 떨리는 걸

나만 본 것은 아닐 테니까. 나는 편지를 전체적으로 훑어보았다. 존스가 직접 손으로 쓴 편지였다. 나는 큰 소리로 또박또박 편지를 읽기 시작했다.

사랑하는 친구들에게

오랫동안 자네들과 어울려 지내면서, 나는 어쩌면 자네들 생각보다 훨씬 더 한 사람 한 사람을 사랑한 것 같네. 자네들이 나를 보지 못할 때나, 내 존재를 느끼지 못할 때도 나는 언제나 가까이에서 지켜보면서 한 명 한 명의 목소리에 귀를 기울였지.

이 땅에서 자네들이 보내는 시간은 현명하게 사용해야 할 선물이야. 말이나 생각을 허투루 쓰지 말게. 자네들이 하는 아무리 작은 행동도 한없이 중요하다는 것을 잊지 말게.

이제 자네들은 나를 다시 만나지 못할 거야. 이 땅에서는 말이지. 하지만 내가 자네들 마음과 머리에 심어 놓은 씨앗을 잊지 않는다면, 더 나은 삶을 살 수 있을 거라고 믿는다네. 앞으로 힘든 시기가 닥치면 '관점'이란 작은 씨앗이 다이아몬드나 황금보다 훨씬 소중하다는 걸 깨닫게 될 거네.

사람들은 난관에 부딪치면 해답을 찾으려 하지. 때로는 그 해답을 금방 찾지만, 대부분은 그렇지 못해. 균형 잡힌 관점이 부족하기 때문이지. 자네들이 직접 경험하지 않았나. 하지만 자네들은 이제 그 비밀을 알고 있어. 대부분의 사람들이 모르는 그 비밀을 말이야!

위기의 순간에 무엇보다 필요한 것은 균형 잡힌 관점일세. 그래야 마음이 차분해지고, 마음이 차분해져야 맑은 정신에서 생각할 수 있지. 맑은 정신에서 생각할 때 새로운 방향에서 시작할 가능성이 떠오른다네. 그리고 새로운 방향에서 접근할 때 해답을 찾아낼 수 있어. 머리와 마음을 항상 맑게 유지하도록 노력하게. 다르게 바라볼 수 있는 관점은 구하기도 쉽지만, 쉽게 잃어버릴 수도 있으니까.

자네들도 다른 사람들의 머리와 마음에 그런 씨앗을 심어 줘야 한다는 걸 알려 주고 싶어. 그래서 이 씨앗들을 남기네. 그렇게 해 준다면 나로서는 더할 나위 없이 기쁠 거야. 나는 떠난 게 아닐세. 언제까지나 자네들 곁에 있어. 끝내주는 게 아직 남았으니까.

– 존스

잠시 후, 사람들이 내게 다가오기 시작했다. 편지를 직접 다시 읽고, 씨앗 봉지를 한두 개씩 집어 들고 일터와 학교로, 집으로 돌아갔다.

그 후로 존스의 낡은 여행 가방은 무언의 약속 아래 이곳저곳을 옮겨 다녔다. 처음에는 테드가 '팩 앤 메일'에 그 가방을 보관해, 그곳을 들르는 손님이 가방을 보거나 만져 볼 수 있게 했다. 그 후엔 앨이 '베이네 카페'에서 잠시 보관했고, 테드와 캐스린도 '월 데코'에 가방을 잠깐 가져다 놓았다. 낸시도 '시 앤 서즈'에 가방을 몇 주 동안 놔두었고, 로버트 크래프트도 골프장의 스포츠용품 판매점에 가방을 잠시 보관했다. 클레이와 톰의 '윈 딕시' 약국에서도 가방이 카운터 뒤에 놓여 있는 걸 보기도 했다.

지금도 나는 머리칼이 하얗게 센 노인을 보면 눈을 떼지 못한다. 혹시나 존스일까 하는 바람에서. 그러나 오렌지비치 우편함 옆에서 꼿꼿하게 자라는 옥수수를 보거나, 누군가의 앞마당에서 자라는 수박을 볼 때마다 내 얼굴에는 웃음꽃이 핀다. 이제 이 마을 어떤 길에서나 존스와의 옛 기억을 떠올려 주는 증거를 찾아볼 수 있다. 우리는 존스의 가방에 있던 씨앗을 심었다. 그리고 그 씨앗을 우리 삶에도 심어, 절망 속에서 기운을 되찾고 제대로 숨 쉬며 삶을 다시 시작할 수 있는 가능성을 찾아

냈다. '끝내주는 것이 아직 남았다'는 확신, 이 확신이 우리가 받은 최고의 선물이었다. 존스라는 노인에게서 받은 최고의 선물.

Jones's Question

존스가
묻고,
당신이
답합니다

01

Jones's Question

존스는 "자네 말대로 지금은 잘못된 선택 때문에
이 방파제에 있지. 하지만 앞으로 상상할 수도 없는 일들이 일어나려고
자네가 지금 이 자리에 있는 거라면 어떻게 하겠나?"라고
말했습니다. 당시에는 아무 의미도 없었지만,
돌이켜 보면 현재의 당신이 있기 위해 반드시 겪어야 했다고
생각하는 특별한 사건이 있나요?

존스가
묻고,

02

Jones's Question

존스가 당신에게 묻습니다.
"다른 사람이 자네라면 자네의 어떤 점을 바꾸고 싶어 할까?"

당신이
답합니다.

03

Jones's Question

존스는 "우리가 집중하는 것은 증가하기 마련이다"라고 했습니다.
지금 당신이 집중하고 있는 것은 무엇인가요?

04

Jones's Question

사랑하는 사람을 떠올려 보세요.
그 사람은 사랑을 어떻게 표현하나요?

Jones's Question

존스는 "진정한 친구는 우리가 최고의 능력을
발휘할 수 있도록 돕는다"라고 말했습니다.
당신의 친구들은 어떤가요?

Jones's Question

칭찬의 말, 배려와 행동, 스킨십, 함께하는 시간.
당신은 어떻게 사랑을 표현하나요?
한 사람이 두 가지 방식을 지닐 수 있을까요?

당신이
답합니다.

07

Jones's Question

워커는 온갖 일을
걱정하느라 직장에서도,
인간관계에서도 매번
실패했습니다.
당신의 걱정거리를
떠올려 보세요. 혹시 그것이
'근거 없는 걱정'은 아닌가요?

Jones's Question

존스는 워커에게
"너무 똑똑하기 때문에 걱정이 많다"며,
상상력을 잘못 사용하고
있다고 말했습니다.
당신은 상상력을 잘 쓰고 있나요?

당신이
답합니다.

Jones's Question

존스가 당신에게 묻습니다.
"자네는 매일 아침에 눈을
뜨자마자 무슨 생각을 하나?
그리고 지금 이 순간 자네가
감사할 수 있는 것은 무엇인가?"

10

Jones's Question

존스는 '잎'을 사람을 알아보는 '지표'로 이야기 하면서,
"하늘이 보이지 않는 울창한 숲을 걸을 때도 잎 하나만으로
주변 나무에 대한 많은 걸 알아낼 수 있다"고 말했습니다.
어떤 행동들이 사람을 알아보는 '잎'일까요?

Jones's Question

존스는 지혜를 구하는 '검색 장치'가 친구들이라고 했습니다.
친구들에게 장래의 배우자를 소개하고
의견을 물은 경험이 있나요? 반려자를 결정할 때 친구들이
중요한 이유는 무엇일까요?

만약 내가 하는 모든 행동이
먼 미래에까지 엄청난 파급 효과를 낸다고 확신할 수 있다면,
우리의 일상은 어떻게 변할까요?

은퇴에 대하여
존스가 묻고,

13

Jones's Question

존스는 윌로 부인에게
"우리가 이 땅에 있다는 것은 해야 할 일을
끝내지 못했다는 뜻입니다"라고 말했습니다. 이 말이 어떻게
'희망의 증거'가 될 수 있을까요?

**당신이
답합니다.**

14

Jones's Question

존스는 "누구나 위기를 맞고, 위기를 벗어나면 또 위기를 맞습니다.
위기는 우리 삶의 일부입니다"라고 말했습니다.
어떻게 하면 이 생각을 당신에게 유리하게 활용할 수 있을까요?

15

Jones's Question

존스가 '사소한 것'이 '큰 그림'을 완성한다고 말하는
이유는 무엇일까요? 당신이 지금 생각하는
'큰 그림'에는 '사소한 것'도 잘 들어가 있나요?

Jones's Question

존스는 헨리에게 "사람들은 변화하는 데 오랜 시간이 걸린다고 생각하지. 하지만 그렇지 않네. 변화는 순간적으로 일어나는 거야!"라고 말했습니다. 지금 당장 당신이 변화시키고 싶은 것은 무엇인가요?

17

Jones's Question

존스는
'선택'과 '실수'의 차이가
용서를 받는 데 중요한 역할을
한다고 설명했습니다.
당신에게도 실수가 아닌
잘못된 '선택'으로 용서받아야 할 일이
있나요? 그렇다면 어떻게 용서를
구해야 할까요?

18

Jones's Question

왜 헨리는 아들이 태어나기 전에
자신이 변해야 한다고 생각했을까요?
자식의 성공 여부에 부모의 양육 방법이 영향을
미친다고 생각하나요?

변화에 대하여
존스가 묻고,

19

Jones's Question

앤디는 존스에 대해 이렇게 회상했습니다.
내가 그를 '가르시아'라 생각할 때는 히스패닉으로 보였지만,
'첸'을 떠올리면 아시아계의 얼굴을 하고 있었다.
존스의 겉모습과 민족적 배경이 이 책에 분명히 나타나지 않은
이유는 무엇일까요?

20

Jones's Question

존스는 왜 사라지기 전에 앤디를 방파제에
다시 데려갔을까요? 앤디가 오래전 자신의 처지와 똑같은
청년 제이슨을 만난 것은 우연의 일치였을까요?

21

Jones's Question

존스가 앤디와 제이슨에게 건넨 첫마디는 "환한 데로 가세"였습니다.
당신에게는 이 말이 어떤 의미로 다가오나요?

존스가
묻고,

22

Jones's Question

존스의 낡은 여행 가방에
씨앗 봉지가 가득한
이유는 무엇일까요?

존스는 "자네들도 다른 사람들의
머리와 마음에 그런 씨앗을
심어 줘야 한다는 걸 알려 주고
싶어. 그렇게 해 준다면 나로서는
더할 나위 없이 기쁠 거야"라고
말했습니다. 당신에게도
이제 씨앗이 하나 주어졌습니다.
이걸 어디에 먼저 심을 건가요?

당신이
답합니다.

당신에게는 '존스'가 있나요?
곁에 있는 이들에게
당신이 존스가 되어 주면 어떨까요?

인생을 바꿔 주는
존스 할아버지의 낡은 여행 가방

초판 1쇄 펴냄 2018년 4월 14일
    4쇄 펴냄 2020년 3월 31일

지은이 앤디 앤드루스
옮긴이 강주헌
펴낸이 고영은 박미숙

펴낸곳 뜨인돌출판(주) | 출판등록 1994.10.11.(제406-251002011000185호)
주소 10881 경기도 파주시 회동길 337-9
홈페이지 www.ddstone.com | 블로그 blog.naver.com/ddstone1994
페이스북 www.facebook.com/ddstone1994
대표전화 02-337-5252 | 팩스 031-947-5868

ISBN 978-89-5807-679-7 03190

이 도서의 국립중앙도서관 출판예정도서목록(CIP)은 서지정보유통지원시스템 홈페이지
(http://seoji.nl.go.kr)와 국가자료종합목록 구축시스템(http://kolis-net.nl.go.kr)에서
이용하실 수 있습니다. (CIP제어번호 : CIP2018006331)

본 도서는 《오렌지 비치》(웅진지식하우스, 2009)를 재출간한 것입니다.